Magadan
Jakutsk
rasnojarsk
Listwjanka
Irkutsk
Ulan-Ude
Desjatnikowo
JAPAN
Wladiwostok
CHINA
MONGOLEI

CORSO

Szene nahe dem Südpier in Sotschi

AILING

Uferpromenade am Park Pobedy in Wolgograd

Schrägseilbrücke in Krasnojarsk

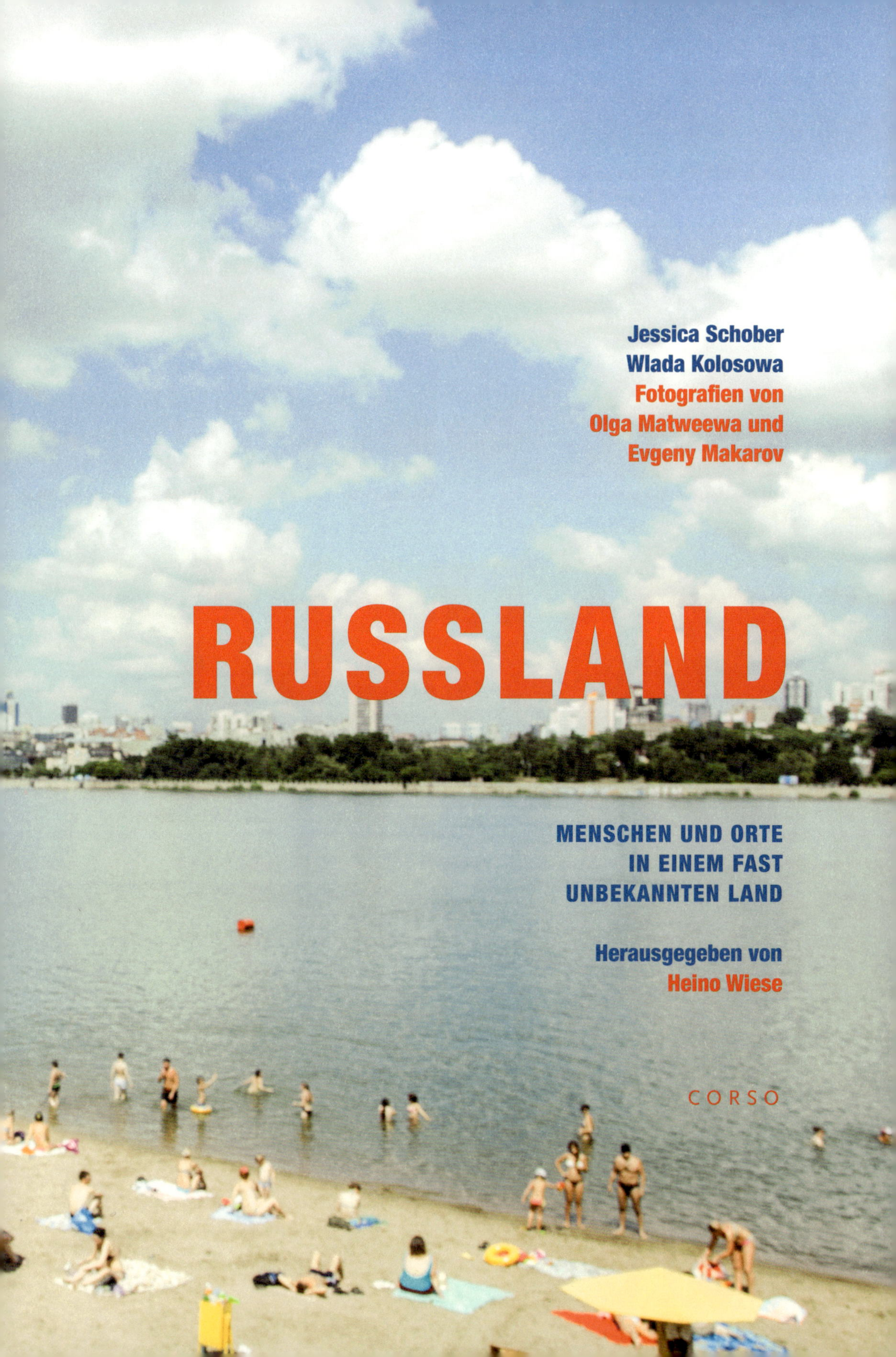

Jessica Schober
Wlada Kolosowa
Fotografien von
Olga Matweewa und
Evgeny Makarov

RUSSLAND

MENSCHEN UND ORTE IN EINEM FAST UNBEKANNTEN LAND

Herausgegeben von
Heino Wiese

CORSO

Route

Ich widme dieses Buch meinem Vater Otto Wiese, der 1941 als 18-Jähriger in den Krieg mit Russland marschieren musste, der fast drei Jahre als Kriegsgefangener in den Wäldern Nischni Tagils die Äxte der Baumfäller schärfte, der mit 24 Jahren schwer krank und auf 38 Kilo abgemagert wieder in die Heimat kam, der 1985 Moskau und Leningrad besuchte und begeistert zurückkam und der mich gelehrt hat, dass Russland schön und die Russen herzliche und liebenswerte Menschen sind.

Vorwort

Ich bin unterwegs von Moskau in die russische Provinz. Mit dem etwas antiquierten, aber pieksauberen Express-Zug fahren wir nach Tambow. 476 Kilometer in knapp acht Stunden. Wir erreichen die Stadt auf die Minute pünktlich. Meinem Erstaunen darüber begegnet der Zugführer mit einem Lächeln und der Aussage: »Russische Züge sind immer pünktlich, sie fahren nur nicht über 60 km/h.«

Das sagt viel über Russland. Fast alles funktioniert und wird gepflegt, aber vieles in der Provinz vermittelt den Eindruck von Behäbigkeit und Überalterung. Natürlich gibt es auch andere Beispiele: Der Sapsan von St. Petersburg nach Moskau fährt die doppelte Strecke in der halben Zeit. Der Zug ist schneller und komfortabler als jeder Zug in Deutschland. Aber Moskau und St. Petersburg sind sowieso anders als der Rest des Landes. Topmodisch gekleidete Frauen, teure Glamourgeschäfte mit internationalen Spitzenprodukten und eine hohe Dichte von Luxuskarossen bestimmen das Bild in der City. Der Anteil an alten und neuen russischen Autos beträgt inzwischen weniger als 10 Prozent. BMW, Mercedes, Audi, Volkswagen und Toyota beherrschen den Straßenverkehr. Dazwischen mehr Rolls-Royce, Bentley und Porsche, als ich sie je in Deutschland gesehen habe. Moskau bei Nacht ist ein faszinierendes Lichtermeer. Die Stadt ist eine Metropole, neben der München und Berlin verblassen. Natürlich sind die Mieten auch entsprechend hoch. Vier bis fünf Mal so hoch wie in Berlin. Man muss sehr viel verdienen, um hier zu wohnen. Es gibt in den Außenbereichen der Stadt aber auch veraltete und teilweise baufällige Wohnanlagen. Erstaunlich ist aber immer wieder, wie sauber alles wirkt.

Ein anderes Beispiel für das Nebeneinander von alt und hypermodern ist das Stahlwerk von Severstal in Tscherepovez. Uralte Walzstraßen liegen direkt neben Hightech-Produktionshallen, wo Bleche nach höchsten europäischen Qualitätsmaßstäben produziert werden. Auch hier bedeutet veraltet nicht verkommen, und man merkt, wie viel Mühe auf die Instandhaltung der alten Anlagen verwendet wird. Recycling ist längst selbstverständlich. Teer und Pechabfälle, die noch vor einigen Jahren in den Weiten der russischen Landschaft entsorgt wurden, werden aufbereitet und als wertvolle Rohstoffe an die Aluminiumindustrie verkauft. Aber noch sind die modernen Produktionsanlagen Inseln im Meer der veralteten Betriebe. Man fühlt sich an die siebziger Jahre in der Bundesrepublik und die neunziger Jahre in der ehemaligen DDR erinnert. Man sieht den wachsenden Fortschritt schon, aber man muss auch geduldig sein.

Überall, wo ich in Russland gewesen bin, trifft man überwiegend optimistische, gebildete, aber vor allem warmherzige und gastfreundliche Menschen. Sie scheinen gegen uns keinen Groll mehr zu hegen, obwohl der Überfall Nazideutschlands auf Russland über zwanzig Millionen Russen das Leben gekostet hat. Selbst in Wolgograd, ehemals Stalingrad, sagte mir ein Taxifahrer: »Die deutschen Soldaten, die 1944 die Stadt umzingelt haben, waren ja nicht böse. Die waren genauso arme Schweine wie unsere, hat mir mein Vater immer erzählt.« In den letzten Monaten hört man aber zunehmend Kritik und Enttäuschung gegenüber der EU und nationalistischere Töne. Genauso wie sich bei uns zunehmend eine antirussische Stimmung breitmacht. Es ist wichtig, dass wir das Land und die Menschen verstehen, damit Kriegspropaganda nie wieder verfängt.

Ein Land, seine Probleme, seine Eigenarten und Andersheit versteht man, wenn man die Menschen kennenlernt. Ich habe das selbst erfahren, weil ich seit meinem 16. Lebensjahr regelmäßig in Frankreich bin. Das erste Mal in den sechziger Jahren als Jugendlicher auf einer Reise des Deutsch-Französischen Jugendwerks mussten wir uns noch regelmäßig Beschimpfungen als *sales Boches* (»dreckige Deutsche«) gefallen lassen. Inzwischen sind aus den ehemaligen »Erbfeinden« Frankreich und Deutschland die besten Freunde geworden, und Anfeindungen hört man nur noch, wenn die deutsche Nationalmannschaft die Franzosen im Fußball schlägt.

Mit diesem Buch wollte ich russische Menschen in ihrem Alltag und ihren Lebenssituationen mit all den Auf und Abs vorstellen. Ich habe dafür die beiden jungen Journalistinnen Jessica Schober und Wlada Kolosowa gebeten, in den verschiedensten Regionen unterschiedlichste Menschen zu interviewen. Jessica hat gemeinsam mit dem Hamburger Fotografen Evgeny Makarov Russlands Westen bereist, während Wlada gemeinsam mit der Moskauer Fotografin Olga Matweewa bis in den äußersten Osten Sibiriens gefahren ist. Die Begegnungen mit den Interviewten sind häufig spontan und zufällig gewesen. Die Zusammenstellung der Interviews und der Fotos ist ein buntes Kaleidoskop russischer Menschen und Regionen.

Ich danke in diesem Zusammenhang auch ganz besonders meiner Mitarbeiterin Irina Boryayeva, die in unermüdlicher Kleinarbeit die Reiserouten unserer Autorinnen vorbereitet hat. Neben Flugtickets und Unterkünften hat Irina auch Kontaktpersonen in den Weiten Russlands gefunden, die unseren Autorinnen vor Ort weiterhelfen konnten. Ich danke auch Julia Bar und Jenny Bogitzky für ihre aktive Mitarbeit an dem Buch.

Russland ist unfassbar groß, Russland ist anders, Russland ist Vielfalt, und dieses Buch soll dazu beitragen, Verständnis für die Unterschiede und Empathie für unsere russischen Nachbarn zu entwickeln.

Heino Wiese

Blick auf die bunten Häuser von Desjatnikowo

Desjatnikowo

Einwohner: 776
Entfernung zu Moskau: 5.665 km

Text: Wlada Kolosowa
Fotos: Olga Matweewa

Wie ein Päckchen Smarties sieht Desjatnikowo aus: apfelgrüne, erdbeerrote, himmelblaue Häuser. Die bunten Farben sollen dem kahlen Winter trotzen, dem harten Leben. Desjatnikowo ist eines der Dörfer der Semejskie – »der Familiären« –, einer Glaubensgemeinschaft von sogenannten Altgläubigen in Transbaikalien. Im 17. Jahrhundert wollten sie die kirchlichen Reformen des Patriarchen Nikon nicht annehmen und siedelten deswegen in den Randbereichen des russischen Reiches oder im Ausland.

Zarin Katharina die Große verbannte viele Altgläubige in die Gegend von Transbaikalien. Die Siedler waren fromm und fleißig. Sie eroberten die harte Natur und blieben ihren Traditionen treu. Selbst als Desjatnikowo zu Sowjetzeiten eine Kolchose wurde und die Kirchen zerstört wurden, tauften Semejskie ihre Kinder in mobilen Taufbecken, nähten traditionelle bunte Kleider und sangen ihre berühmten polyphonen Lieder. Seit 2001 steht die alltägliche und geistliche Kultur der Semejskie unter UNESCO-Schutz: aufgenommen in die Liste der »Meisterwerke des mündlichen und immateriellen Erbes der Menschheit«.

»Wir überliefern nicht, wir leben einfach.«

Nadeschda Kuschnarewa, 42, Chorleiterin

Wenn Nadeschda Kuschnarewa singt, schwappt der Pinien-Schnaps in der Flasche.

»Ach, Hüften, meine Hüften,
üppige Keulen.
Wer kriegt meine Hüften bloß?
Iván, Blödmann,
die ungekämmte Eule.«

Der bunte Rock schwingt, die Piroggen auf dem Teller hüpfen auf und ab. Und wenn Kuschnarewa mit dem Fuß den Takt schlägt, wackelt das Kulturzentrum des Dorfes: eine Izba* aus dicken Holzstämmen, die man in Russland seit Jahrhunderten baute.

Kuschnarewa leitet den »Bolschekunalejskij Semejskij Chor«, der schon seit 85 Jahren besteht, und außerdem einen Kinderchor. Seit sie fünf ist, steht Kuschnarewa auf der Bühne. Sie ist eine Frau »im Körper«, wie man in Russland sagt – die Hüften üppig; die Arme füllig und stark; Hände, die streicheln können, Teig kneten und Felder pflügen. Den Zopf, armdick und hüftlang, hat sie unter der traditionellen Kopfbedeckung versteckt. Als Kuschnarewa mit dem Chor auf Tour war, haben verliebte Japaner ihr Hotelzimmer mit Papierblumen geflutet.

Man lud sie zum Studium nach Nowosibirsk und in das berühmte Gnessin-Institut in Moskau ein. Kuschnarewa blieb in Desjatnikowo: fünf Straßen, etwa 700 Einwohner. Seit 40 Jahren lebt sie schon hier – »lebt, lebte und wird immer leben«. Als sie zum Gesangstudium nach Ulan-Ude ging – etwa eine Stunde von hier entfernt –, kam sie jedes Wochenende nach Hause. »Ich habe die Stille, die Dunkelheit vermisst«, sagt sie. »Ich könnte nie woanders leben. Die Stadt knechtet den Geist. Vor allen Dingen abends, wenn die Lichter angehen.« In Steinhäusern könne man nicht gut atmen, sagt sie, erst recht nicht, wenn dir einer auf dem Kopf wohnt.

Hier, in Holzhäusern wie dieser Izba, lebte man früher dicht beieinander, fühlte sich aber frei, sagt Kuschnarewa. Die Eltern schliefen auf den Betten, die Jugend auf dem Boden, die Alten auf der Petschka – dem russischen Ofen. Die Möbel und die Fensterläden der Izba sind mit reichem Schnitzwerk verziert und oft bunt wie ein Osterei: »Das Leben war hier trist genug«, erzählt Kuschnarewa.

Wenn Touristen sich die alten Häuser angucken wollen, werden sie mit traditionellem Essen, Gesang und Tanz der Semejskie im Kulturzentrum empfangen. Sie essen begeistert Traubenkirschen-Piroggen, trinken selbstgebrannten Schnaps und fotografieren Kartoffeln auf dem Feld vor dem Haus, wegen der schönen Blüten. Im Gästebuch stehen begeisterte Einträge von Besuchern aus Brasilien, Großbritannien, Finnland: »Spasibo für die Gastfreundschaft!«; »Es war toll in Ihrem Museum.« Darüber kann Kuschnarewa nur lachen. »Dieses Museumsexponat hier«, sagt sie und nimmt eine riesige Ofengabel in die Hand, »leihe ich immer aus, wenn meine eigene kaputtgeht.«

Oft wird sie gefragt, wie die Semejskie es geschafft haben, ihre Traditionen zu überliefern. »Aber wir überliefern gar nicht, wir leben einfach«, sagt sie. »Denken Sie, ich bin zu einem Kochkurs gegangen, um zu lernen, wie man Blini macht? Ich habe einfach von klein auf am Herd gestanden.« Fast jeder hier hat einen Vorratskeller und eine alte Truhe mit Semejskie-Trachten, die man nicht nur für Touristen anzieht, sondern auch für sich, an Feiertagen.

Kuschnarewa wäscht sich in der Banja, kümmert sich um Hühner, Schweine und vier Hunde. Wie fast jeder in dem Dorf wohnt sie in einer Izba – auch wenn ihre »Euro-Renovierung« hat. Die Neuheiten verdrängen aber nicht das Alte, sondern ergänzen es eher: »Wir

* Eine russische Holz- oder Blockhütte im ländlichen Raum.

kochen in der Petschka, machen in der Mikrowelle warm«, erzählt Kuschnarewa. Jeden Tag gebe es selbstgebackene Piroggen, Beeren und Pilze kommen aus dem Wald. »Die Natur ist sehr reich hier«, sagt sie. »Im letzten Jahr habe ich einen Lastwagen voller Pilze gesammelt.« Im Geschäft kaufe sie nur Schokolade, Zucker und Sonnenblumenöl. »Aber wir haben natürlich Internet und Küchenmaschinen. Und manchmal machen wir Blini nicht mit heimischen Pinienkernen, sondern mit Erdnüssen.«

Viele Junge verlassen das Dorf – es gibt kaum Arbeit hier. Immer öfter ziehen aber auch Städter hierher in das Dorf: »Sie wollen frische Luft und eigene Erdbeeren und selbstgemachte saure Sahne – verstehen aber nicht, dass man dafür um fünf Uhr aufstehen muss.« Kuschnarewa weiß nur zu gut, dass man für alles arbeiten muss. Deswegen hat sie auch keine Zeit mehr, zu plaudern. Noch heute kommt eine dreißigköpfige Touristengruppe. Sie werden Kuschnarewas Bernsteinkette anfassen, die schon 300 Jahre alt ist und »so viel wie ein Jeep kostet«. Die Touristen werden die Nase vor Salo, dem russischen Rückenspeck, rümpfen, und dann doch zuschlagen. Sie werden nach dem dritten Pinien-Schnaps die Tränen aus den Augenwinkeln wischen, wenn Kuschnarewa singt. Sie werden lange das Klohäuschen mit reichen Schnitzereien angucken und sich über die »authentic experience« freuen. Auch wenn es in Desjatnikowo schon seit Jahren einen Internetanschluss gibt, fließend Wasser hat es noch nie gegeben. »Glauben sie mir, man überlebt locker ohne Kanalisation – ohne E-Mail aber nicht.«

Im Stadtzentrum von Irkutsk

Irkutsk

Einwohner: 587.891
Entfernung zu Moskau: 5.185 km

Text: Wlada Kolosowa
Fotos: Olga Matweewa

»Paris Sibiriens« nennt der Reiseführer Irkutsk. Aber man soll die Erwartungen nicht zu hoch schrauben: Die Betonung liegt auf »Sibirien«. Die Stadt hat zwar fünf Universitäten, einige Museen und Theater und eine niedliche Altstadt. Im frühen 19. Jahrhundert war Irkutsk das kulturelle Zentrum Sibiriens, weil hier verbannte Dekabristen lebten – russische Künstler, Offiziere und Adelige, die sich erfolglos gegen das Regime des Zaren Nikolaus aufgelehnt hatten.

Doch die wenigsten sind wegen der Geschichte und der Kultur in Irkutsk gelandet. Wer hierherkommt, will weiter – die Stadt ist ein Sprungbrett zum Baikalsee und außerdem der Knotenpunkt der Transsib-Touristen.

Das Gefühl der eigenen Verwegenheit und Weitgereistheit wird von dem internationalen Sprachen-Mischmasch geschmälert: Deutsch, Englisch, Französisch, Chinesisch, Koreanisch. Die Frage ist aber in allen Sprachen die gleiche: Wo ist die Haltestelle, an der der Bus zum Baikalsee abfährt?

Katzeklo, Katzeklo

Nastja Ildiz, 34, Betreuerin eines Katzenheims, Modedesignerin

In dieser Wohnung gibt es keinen Quadratzentimeter, der nicht von Katzen bedeckt ist. Wohin man auch tritt, sofort umschließt dich ein Fellmeer, schnurrt, miaut, zischt, reibt sich an deinen Beinen oder krallt sich an den Zehen fest. 48 Katzen, eine Handvoll Kätzchen, eine Echse und eine Frau wohnen auf etwa 30 Quadratmetern. Nastja Ildiz, Modedesignerin von Beruf, hat vor vier Jahren die erste obdachlose Katze mitgenommen. Inzwischen ist aus ihrer Einzimmerwohnung das »Miniheim Dalmatino« geworden.

Ein Interview mit Ildiz ist ungefähr wie ein Gespräch mit einer Kindergärtnerin, die auf vier Dutzend Kleinkinder aufpasst. »Felix, Pascha – aufhören! Aus! Sofort!«, sind ihre Begrüßungsworte. Erste Frage: Wo kommen all die Streuner her? »Sie sind keine Streuner – sie sind Verlassene«, erzählt sie, während sie einen fauchenden Klumpen aus Felix und Pascha auseinanderzerrt. »Streuner kennen kein anderes Zuhause als die Straße. Sie sind wie Tarzan im Stadtdschungel – Sergej! Lass das! –, solche nehme ich nie mit.« Boxen fallen um. Ildiz hebt sie auf. Fünf Minuten später schubst sie der gestreifte Sergej wieder herunter.

Mit zurückgelassenen Tieren sei es eine andere Sache, führt Ildiz fort, während sie einen ihrer Zöglinge kämmt, die würden ohne ein Zuhause verenden. Schon lange hat Ildiz aufgehört, weinende Katzen von der Straße aufzusammeln: kein Platz. Doch die Nachricht von ihrem Heim machte die Runde. »Ich mache die Haustür auf, und es sitzt eine Perserkatze da, ein Skelett mit Dreadlocks, das Fell zwischen den Hinterbeinen so verfilzt, dass sie nicht mehr laufen kann.«

Man bringt ihr die Kranken, die Unterernährten, Findlinge, die aus dem Müllschacht herausgefischt wurden. Es gebe zwar eine Handvoll Tierheime in Irkutsk. »Aber das sind zu wenige, zu voll«, erzählt Ildiz, während eine Siamkatze an ihrem Ohrring kaut. »Die meisten beschäftigen sich mit Hunden: Die sind ein sichtbares Problem, können für Menschen gefährlich sein.« Bei Katzen nähmen viele an, die kämen auch so zurecht, und ließen sie laufen, oft nicht kastriert oder sterilisiert. »Deswegen sieht man auf dem Markt und in U-Bahn-Unterführungen ständig winselnde Kartons voller blinder Kätzchen. Selbst wenn sie jemand an sich nimmt – Fiona! –, ihre Überlebenschancen sind gering. Das zerreißt mir das Herz in Einzelteile – Fiona, gleich gibt's eins aufs Maul!«

Zwei Katzen versuchen, einen Sack mit Katzenstreu aufzumachen. Pro Monat brauchen sie 300 Kilo Streu, außerdem 100 Kilo Trockenfutter und 600 Liter Hühnersuppe. Die kocht Nastja täglich in riesigen Töpfen – »Huhn nehme ich nicht mehr als Menschenessen wahr«. Etwa fünfzehn Freiwillige helfen ihr inzwischen: sammeln Futter, helfen beim Wohnungsputz oder versuchen durch Facebook und Mundpropaganda, die Katzen an den Mann zu bringen. 223 Zöglinge von Ildiz haben schon ein neues Zuhause gefunden.

Vor kurzem hat sie das Miniheim als Verein angemeldet. »Es war mir wichtig, zumindest den Nachbarn zu zeigen, dass ich keine verrückte Katzenlady bin, sondern etwas Wichtiges mache.« Abgesehen davon sucht sie keine staatliche Unterstützung. »Ich arbeite mein Leben lang als Freelancer, mir macht es nichts aus, Probleme selbst zu lösen«, sagt Ildiz. »Die Leute in Russland wurden zu sehr daran gewöhnt, dass der Staat ihre Probleme löst – die sind wie eingefroren.«

Und doch finden sich ein paar Aufgetaute: Ein Tierarzt behandelt die Tiere zu billigeren Preisen und oft auf Kredit. Eine Druckerei sponsert die Flyer, ein Internetanbieter den Anschluss von Ildiz. Seitdem ein Profi ehrenamtlich die PR übernommen hat, kommen Spenden in das Projekt rein. »Manchmal muss ich trotzdem aus eigener Tasche zahlen – ich kann meine Kinder ja nicht hungern lassen.«

Die Situation der obdachlosen Tiere in Russland bessert sich, sagt Ildiz, aber sie bessert sich nur langsam: »Die Menschen denken mehr nach, bevor sie ein Tier anschaffen – und wollen nicht nur Rassekatzen, sondern auch die aus dem Heim.« Manch einer fängt sogar streunende Katzen ein und bringt sie zum Kastrieren.

Momentan ist Ildiz' wichtigste Aufgabe, einen eigenen Raum für das Katzenheim zu finden. »Ich habe seit Jahren keine Gäste nach Hause eingeladen. Hier hat man keine Ruhe.« Ildiz träumt von einer Einrichtung, in der es verschiedene Räume für gesunde und kranke Tiere gibt, für alte und für junge, mit einem angeschlossenen Tierladen, in dem die Menschen zukünftige Adoptivkatzen angucken können. »Was in meiner Wohnung abläuft, entspricht auf keinen Fall den westlichen Standards für ein Tierheim«, sagt sie. »Ich träume davon, eines Tages aufzuwachen und als Erstes meine Zähne zu putzen – und nicht das Katzenklo.«

»Mit dem See kann man nicht skypen.«

Anna Belowa, 26, Projektkoordinatorin Great Baikal Trail

Anna Belowa geht selbst ins Büro mit einem Wanderrucksack. Als müsste sie jeden Tag für alle Lebenslagen bereit sein. Das Telefon klingelt – eine Volunteergruppe kommt einen Tag später als geplant. Die finnische Praktikantin Laura braucht Hilfe. Sind genug Gummistiefel da? Und was passiert mit den 20 Tüten Reis? Und zusätzlich zum Stress sitzen auch noch wir da und stellen die Frage, die alle Journalisten stellen: »Wann habt ihr die 2.000 Kilometer?«

»Um die Kilometer geht es nicht«, erklärt Belowa geduldig. 2.000 Kilometer lang wäre in etwa die Strecke, die den Baikalsee umrundet. 600 Kilometer Wanderweg haben Freiwillige bereits in den zehn Jahren seit der Gründung des Projekts angelegt. Doch die NGO The Great Baikal Trail (GBT) macht mehr als das: Müllsammelaktionen, Nachhaltigkeits-Bildung und Projekte mit der lokalen Bevölkerung. Ein einheitlicher Wanderweg um den See wäre auch kaum möglich: An vielen Stellen ist der Grund zu sumpfig, an anderen führt schon eine Autobahn entlang. Trotzdem wird danach immer zuerst gefragt. »Wir bauen einen Wanderweg um den Baikal herum – das versteht jeder«, erklärt Belowa. »Wir machen nachhaltige Projekte – da hört kaum einer hin.«

Als Belowa fünfzehn war, wusste auch sie nicht viel mit dem Wort »Nachhaltigkeit« anzufangen, genauso wenig wie mit »Volunteer«. Oder einem Zelt. Campen war sie noch nie gewesen, nur Pilze und Beeren sammeln. Vom GBT-Werbespot, den sie im Fernsehen sah, behielt sie kaum etwas in Erinnerung, außer dass es dort um Ausländer, Zelte und den Baikalsee ging. Als Belowa mit 16 zum Linguistik-Studium nach Irkutsk zog, beschloss sie, mitzumachen. Seitdem kam sie jeden Sommer zu GBT zurück – zuerst als Übersetzerin, dann als Gruppenleiterin. Seit acht Jahren ist sie nun dabei, mit einer kurzen Unterbrechung, als sie für ein Umweltprogramm nach Seattle zog. Seit diesem Jahr arbeitet sie als Koordinatorin der Sommerprojekte des GBT.

Belowa sieht aus wie eine Elfe: schlanke Finger, zaghaftes Lächeln, kein Make-up auf der durchsichtigen Haut. Allerdings ist sie eine wanderfeste Elfe – eine, die schweres Gepäck auf ihren Schultern tragen kann, und viel Verantwortung. Etwa 400 Freiwillige machen pro Sommer bei GBT-Projekten mit, ein halbes Hundert davon sind Ausländer.

»Es gibt immer mehr russische Touristen und Volunteers am Baikal«, erzählt Belowa. »Und was mich besonders freut: Sie kommen nicht mehr alle aus Irkutsk und Großstädten wie Moskau. Sie kommen auch aus Kaffs wie Bratsk und Tulun.« Nicht alle kommen wegen des Aspekts der Nachhaltigkeit: Für viele ist es die Lagerfeuerromantik und eine Möglichkeit, ihr Englisch aufzupolieren.

Seit Belowas erstem Jahr in Irkutsk hat sich viel verändert: »Der Baikal wurde als tou-

ristische Attraktion entdeckt«, sagt sie. Und es seien nicht mehr nur die Businessmänner, die zur erstbesten Stelle am Baikal kutschiert werden, einen Omul essen, ihre Füße reinhalten und zurückfahren. »Es gibt immer mehr Öko-Touren«, erzählt sie. »Wobei Öko manchmal sehr frei interpretiert wird: Ein Anbieter organisiert zum Beispiel ›nachhaltige‹ Squat-Touren in unberührte Berge – die Wunden, die die Räder in der Erde hinterlassen, brauchen Jahre, um zu heilen.« Die Volunteers des GBT hätten einen anderen Zugang: »Es ist weniger die Konsumenten-Haltung: Ich habe Geld bezahlt und erwarte, dass alles reibungslos läuft. Sie investieren Schweiß und Blut. Danach werden sie sicher keinen Müll herumliegen lassen.«

Leider sei das noch nicht für alle der Regelfall: Noch immer stolpere man an den schönsten Baikal-Stellen über leere Bierflaschen. »Viele Russen haben ein schizophrenes Verhältnis zur Natur«, sagt Belowa. »Sie lieben die Natur, respektieren sie aber nicht.« Sie denkt, dass sich das bald ändern wird. »Russland erwacht ökologisch«, sagt Belowa. »Privatpersonen pflanzen Bäume, machen Recycling-Aktionen oder gehen in die Schule, um Kinder aufzuklären.«

Das Angebot an Volunteer-Programmen in Russland wachse, und auch die Wanderbewegung, die während der Sowjetzeit recht groß war, erwacht wieder. Aber viele fliegen lieber in die Türkei und nach Thailand, als die Natur vor ihrer Haustür zu entdecken. »Urlaub ist immer noch eine Prestigesache«, sagt Belowa. Wenn der Nachbar mit makelloser Bräune aus der Türkei angibt, wollen viele nicht mit Farmerbräune glänzen und sagen, dass sie im Sommer »Mücken im Wald gefüttert haben«. Für Belowa ist kein Südseemeer so schön wie der Baikal. Ihr wurde klar, dass sie Russland nie wird verlassen können, als sie in Seattle lebte und einen Vortrag über den Baikal anhörte. »Als ich im Video das Pfeifen des Windes über dem See hörte, konnte ich nicht mehr: Tränenhagel. ›Gebt mir sofort einen Hubschrauber, ich will nach Hause‹«, erzählt sie. »Mit der Familie kann man telefonieren und skypen – mit einem See nicht.«

Bootssteg am Baikalsee

Einwohner: 269.600
Entfernung zu Moskau: 8.352 km

Text: Wlada Kolosowa
Fotos: Olga Matweewa

Würden sich Städte um den Titel »Das Ende der Welt« streiten – Jakutsk würde ziemlich weit vorne liegen. Moskau ist sechseinhalb Flugstunden entfernt. Das Schienennetz hört rund 500 Kilometer vorher auf. Die Durchschnittstemperatur im Winter liegt bei minus 42 Grad, außerdem kann man hier eine Tour in den kältesten besiedelten Ort der Welt buchen: Das Dörfchen Oimjakon ist 600 Kilometer entfernt. Jakutsk ist die Hauptstadt der Republik Sacha (Jakutien) – ein Gebiet, so groß wie Indien. Aber nur eine Million Menschen lebt hier.

Wie die ganze Republik liegt Jakutsk auf Permafrost, gefrorenem Boden, der nur im Sommer ein wenig auftaut. Viele Gebäude wurden auf Pfählen gebaut, und weil der Permafrost taut, stehen manche von ihnen schief wie Stelzen-Artisten mit Koordinationsschwierigkeiten. Etwa die Hälfte der Einwohner sind Jakuten – eine Minderheit, die Ähnlichkeiten mit den Burjaten aufweist.

Das Leben ist hart, und dennoch wächst Jakutsk: Diamanten, Silber und Nutzholz locken die Menschen in die Stadt. Und so reihen sich betrunkene Holzhäuser an teure Einkaufszentren und Serge – die rituellen Pfähle der Jakuten. Mitten im architektonischen Puzzle stehen hypermoderne Gebäude, alles wirkt wie aus einem retro-futuristischen Film.

Über den Dächern von Jakutsk

Jakutsk

»Die Angst vor der Kälte spornt uns an.«

Viktor Schepelew, 71, stellvertretender Direktor des Permafrost-Instituts

Hier braucht man Pelzmäntel als Laborkittel. Das Permafrost-Institut in Jakutsk untersucht als einziges Institut weltweit Dauerfrostböden. Zwölf Meter unter der Erde funkeln Eiskristalle an den Wänden aus gefrorener Erde. Konstant minus sechs Grad misst das Thermometer im Labor, unabhängig von der Jahreszeit an der Oberfläche. »Im Winter, wenn es draußen 50 Grad minus sind, können wir uns hier aufwärmen«, spaßt Viktor Schepelew. Er wurde in Jakutsk geboren, studierte in Nowotscherkassk an der Geologischen Universität, um Bergingenieur zu werden, promovierte in St. Petersburg und kehrte dann nach Jakutsk zurück, um in Permafrost-Institut zu arbeiten.

Herr Schepelew, Sie beschäftigen sich schon rund 50 Jahre mit Permafrost und haben fast ihr ganzes Leben lang in Jakutsk gelebt – in einem der härtesten Klimata der Welt. Woher kommt Ihre Begeisterung für die Kälte?

Manche werden von harten Umgebungen gebrochen – manche aber angespornt. Meine lebendigste Erinnerung hat mit Kälte zu tun. Ich war 14, mein Vater hatte mir aufgetragen, unser Pferd in eine andere Siedlung zu bringen. Es war ein extrem kalter Wintertag, bestimmt unter minus 50 Grad, und ein Schneesturm tobte so stark, dass man die eigene Hand nicht sah. Das Pferd verlief sich. Ich habe nicht geglaubt, dass ich da jemals lebendig wieder herauskomme. So eine kosmische Kälte habe ich nie wieder gespürt. Irgendwann hat das Pferd uns doch noch zu einem bewohnten Ort getragen, aber ich habe verstanden: Vor Hitze kann man sich vielleicht verstecken – vor Kälte nicht. Es gibt keine Rettung. Ich glaube, so hat sich letztlich auch die Menschheit entwickelt – im Kampf mit dem Frost.

Die Zivilisation als Kind der Kälte?

Ja, das glaube ich. Wir sind die einzigen Säugetiere, die sich nicht körperlich an das Klima anpassen, sondern ihm trotzen. Der Frost brachte den Menschen bei, Probleme zu lösen: Häuser zu bauen, Feuerstellen zu perfektionieren, Essensvorräte anzulegen, um unsere Körper zu heizen. Wir sind von Kälte umzingelt: Der Kosmos ist ein eisiger Abgrund. Die Angst vor der Kälte spornt uns an. Sie ist im Unterbewusstsein von uns allen.

Was genau ist Permafrost?

Das ist sozusagen unterirdisches Eis – wenn die Minustemperaturen unter die Erde dringen und die Feuchtigkeit gefriert. Etwa ein Viertel der Erdoberfläche besteht aus Permafrost. 65 Prozent der Landfläche Russlands sind ständig gefroren, teils bis zu einem Kilometer tief. In den kurzen Sommern taut er höchstens bis zur Tiefe von zwei bis drei Metern auf.

Blick in das Permafrost-Labor (links);
Viktor Schepelew vor dem Eingang des Permafrost-Instituts

So eine riesige Fläche – und nur ein Institut, das darüber forscht?
Es gibt in Russland unterschiedliche Fakultäten, die sich mit Permafrost beschäftigen: Zum Beispiel in Moskau und in Tjumen. Und auch weltweit kooperieren wir mit unterschiedlichen Universitäten, etwa mit dem Alfred-Wegener-Institut für Polar- und Meeresforschung in Bremen. Aber es stimmt schon: Als Institut sind wir einzigartig. Leider schlägt sich das überhaupt nicht finanziell nieder. In der akademischen Welt läuft es so: Die Forscher bekommen umso mehr Geld, je näher sie am Futtertrog sitzen – und wir sind 8.500 Kilometer von Moskau entfernt. Der Klimawandel gibt uns allerdings mehr Publicity. Es schauen immer öfter Journalisten vorbei, die sich darum sorgen, dass die Erderwärmung das Methan im tauenden Permafrost freisetzt.

Sorgen sich die Journalisten zu Recht?
Eine tickende Klimabombe, wie manche schreiben, ist Sibirien nicht. Und die schiefen Häuser, die alle fotografieren, kommen nicht wegen der Erderwärmung zustande. Meistens wurden die Bauvorschriften nicht eingehalten oder die Heizung und warmes Wasser falsch verlegt. Man kann aber auch nicht die Augen davor verschließen, dass die Jahresdurchschnittstemperatur in Ostsibirien um zwei Grad gestiegen ist.

Machen Sie sich Sorgen?
Natürlich. Das kalte Russland heizt ganz Europa. Aber was bleibt übrig, wenn wir alles verheizt haben? Die Menschheit kennt das Gefühl, zu frieren, seit langer Zeit nicht mehr. Wir verwenden all unsere Ressourcen darauf, uns schneller und komfortabler zu bewegen: Der Zug reicht nicht mehr, bald reicht das Flugzeug

nicht mehr. Was kommt als Nächstes? Das ist nicht mehr der Sieg des Kopfes über die Natur, das ist Kopflosigkeit. Wir sollten unsere Kraft darauf richten, die Natur zu reparieren – wir haben sie so sehr verletzt, ohne uns schafft sie die Zukunft nicht.

Sibirien ist in den letzten Jahren zu einem der größten Energie-Lieferanten aufgestiegen – auf jeden Fall dem größten mit noch unerschlossenen Bodenschätzen.
Meiner Meinung nach sollte man Sibirien in Ruhe lassen. Der Norden und die Arktis sind Säuberungsfabriken unserer Erde. Wir dürfen die Weltfilter nicht kaputt machen. Vielmehr soll man darüber nachdenken, die natürliche Ressource unserer Region zu nutzen: die Kälte. Man könnte zum Beispiel die Kristallisationsenergie nutzen – Energie, die beim Gefrieren freigesetzt wird. Die Permafrostböden sind außerdem ein Archiv der Weltgeschichte: Man findet hier gut erhaltene Mammutkadaver und andere prähistorische Tiere. Außerdem ist Permafrost eine natürliche Tiefkühltruhe. Man könnte hier Keller graben und darin jahrhundertelang Lebensmittel lagern. Ich sage Ihnen: Der Frost ist ein wunderbares Erhaltungsmittel. Schauen Sie mich an! Ich bin 71, bin seit zwölf Jahren nicht mehr im Urlaub gewesen und fühle mich wie dreißig.

Geistliches Zentrum (links);
Ewige Flamme für die Opfer des Bürgerkrieges 1918–1923, im Hintergrund die Christi-Verklärungs-Kirche

Uferpromenade des Isset

Jekaterinburg

Einwohner: 1,35 Millionen
Entfernung zu Moskau: 1.790 km

Text: Wlada Kolosowa
Fotos: Olga Matweewa

»Und im Allgemeinen – ekelhaft. Die Stadt, die Leute, alles. Kein einziges Mal habe ich gelacht, nichts ist passiert«, schrieb Wladimir Wyssozki, ein berühmter sowjetischer Sänger, Schauspieler und Dichter, über seine Zeit in Jekaterinburg. Der berühmteste Barde Russlands tourte 1962 mit dem Theaterstück *Eine Reise rund ums Lachen* durch Jekaterinburg und Sibirien. Doch die Stadt hat ihm so die Laune verdorben, dass er nach dem Ende der Gastspiele gefeuert wurde: für Humorlosigkeit.

Die viertgrößte Stadt Russlands war eher als Industrie- denn als Vergnügungszentrum gedacht. Gewachsen rund um ein Metallwerk, gehört Jekaterinburg heute in die »Top Five« der industriell entwickelten Städte in Russland. Metall-, Maschinen- und Rüstungsindustrie boomen hier.

Noch weniger zu lachen als Wyssozki hatten die Romanows in Jekaterinburg: Die letzte Zarenfamilie wurde hier infolge der Oktoberrevolution 1918 ermordet. An der Stelle ihrer Hinrichtung steht heute die »Kathedrale auf dem Blut«. Nachdem die ermordete Zarenfamilie heiliggesprochen wurde, ist Jekaterinburg zu einem bedeutenden Wallfahrtsort der orthodoxen Christen und der Monarchie-Anhänger geworden.

Die Stadt hat sich aber auch mit Erfreulicherem einen Namen gemacht. Erstens: Jekaterinburg liegt nahe der imaginären Grenze zwischen Europa und Asien. In der Nähe liegt der Ural – ein recht kleines Gebirge mit der großen Aufgabe, zwei Kontinente voneinander abzugrenzen. Zweitens: Laut *Guinness-Buch der Rekorde* ist Jekaterinburg die Stadt mit dem größten Mayonnaise-Verbrauch der Welt. Drittens: Hier steht der einzige Wolkenkratzer Russlands außerhalb Moskaus. »Wyssozki« heißt er: der Hohe.

»Vaterunser«

Nikolai Kosarew, 61, Rektor der Ural Berguniversität

Das Erste, was die Besucher der Ural Berguniversität grüßt, ist ein Warnschild. »Student! Nimm die Kopfbedeckung ab. Du betrittst den Tempel der Wissenschaft!« Eine schöne Metapher. Bloß dass es hier vielleicht gar keine ist – sondern die Realität. Denn gleich darauf grüßt die Besucher, anderthalb mal zwei Meter groß, eine Ikone des Schutzheiligen der Universität. Es ist Nikolai der Zweite, der letzte russische Zar, der diese Universität gründete. Inzwischen wurde er von der orthodoxen Kirche heiliggesprochen.

Im Rektorat grüßen ein ausgestopfter Bär, eine flinke Sekretärin und ein weiterer Nikolai – Nikolai Kosarew, der Rektor der Universität. An den Wänden hängen Heiligenbilder neben Fotos aus dem Universitätsleben und ein Bild von Putin im Kimono. Kosarew empfängt mit Wurstschnittchen und Wein. Er gibt gern Rezepte für gesalzenen Hering, erzählt von seiner Liebe zur Natur, von seiner Arbeit als Küster, seiner Familie. Zwei Enkel und vier Kinder ziehe er groß, nein: 14.000 Kinder. »Die Hauptaufgabe der Universität ist, die Persönlichkeit zu bilden«, sagt er. »Und ich bin wie ein Vater – geliebt und streng.«

»Vaterunser« nennen ihn die Studenten. 2010 ließ Kosarew die Kirche gegenüber der Universität renovieren, die über 80 Jahre als Funktionsbau diente. Wo vorher Wischlappen und Eimer standen, sind heute ein Taufbecken und Ikonen. Alle feierlichen Anlässe der Universität beginnen mit einer Messe, jede Arbeitswoche auch. »Die Montagsmesse ist freiwillig – aber wer kann schon einem Rektor eine Bitte abschlagen?« Das Lehrerkollegium kommt vollzählig.

In einem Land, in dem die Trennung von Kirche und Staat in der Verfassung festgeschrieben ist, machen solche Veränderungen Schlagzeilen. Zum Beispiel, als Kosarew ankündigte, 200 Geistliche dazu bewegen zu wollen, sich im sozialen Netzwerk der Universität anzumelden. Oder als Studenten vor der Prüfung mit heiligem Wasser besprenkelt wurden. Oder als eine Studentengruppe freiwillig in der Universitätskirche getauft wurde. Für etwa 20 Studenten ist Kosarew Patenonkel.

Als der Rektor 2009 eine Theologische Fakultät an der Berguniversität eröffnete, gab es weniger Medienrummel. Dabei war es die erste Fakultät, die parallel zwei Glaubensrichtungen unterrichtet. Für den Islam sind momentan 45 Studenten eingeschrieben, 70 für das orthodoxe Christentum. »In Russland leben viele Religionen und viele Ethnien zusammen. Das ist eine der größten Herausforderungen unseres Landes.« Deswegen richtete er auch ein ethnokulturelles Zentrum an der Uni ein, in dem junge Menschen mehr über ihre Kultur erfahren können und Bräuche pflegen.

Wüsste Kosarew, dass die Studenten ihn hinter vorgehaltener Hand auch »Zar« nennen – es würde ihn vermutlich nicht stören. »Ein Nikolai führt das Erbe eines anderen Nikolai fort«, sagt er und lacht bellend. »Tradition und Ordnung sind mir sehr wichtig.« Jeden Morgen wird die Universitätshymne gespielt. Außerdem gibt es an der Uni wieder eine Uniform, die für Geologen in alten Zeiten Tradition war. Für das Lehrpersonal ist sie Pflicht, Studenten bekommen die Uniform als Auszeich-

nung verliehen. Einige davon, so munkelt man auf dem Parkplatz vor der Uni, wurden sofort an Omas weitergegeben für die Gartenarbeit.

Kosarew lässt sich nicht entmutigen. »Es ist wichtig, den Studenten ein Ticket ins Leben zu geben. Es ist noch wichtiger, ihnen beizubringen, was sie damit machen«, sagt er. Zur Menschwerdung gehöre nun einmal mehr als der Lehrstoff. Mit seinen Maßnahmen wolle er gläubigen Studenten eine Plattform geben und neue gewinnen.

Seinen eigenen Glauben musste er in der Sowjetunion jahrelang unter dem Tisch halten. Seine Großmutter taufte ihn heimlich, die Eltern waren dagegen. Seit über zehn Jahren ist Kosarew nun Rektor. Er hätte längst in Rente gehen können, aber sein Herz brenne zu sehr für die Hochschule, sagte er. »Von der Universität nur auf den Friedhof. Dabei könnte ich mich längst auf meinen 17.000 Rubel Rente ausruhen.« Ein bisschen mehr werden es wohl sein: Kosarew ist der fünftreichste Rektor einer staatlichen Universität in Russland. Laut seiner Steuererklärung 2012 hat er 14,63 Millionen Rubel, das sind etwa 290.000 Euro, verdient. »Ein Geschenk des Himmels«, witzeln die Studenten.

Nikolai Kosarew und Studenten der Berguniversität; Uferstraße am Isset (rechts)

Blick von der Brücke »Estakadnyi Most« am Prospekt Leninskij
mit Sicht auf den Hafen und den Fluss Pregel

Kaliningrad

Einwohner: 431.902
Entfernung zu Moskau: 1.236 km

Text: Jessica Schober
Fotos: Evgeny Makarov

Es ist ein bisschen so, als wäre Kaliningrad für den Rest Russlands uneinholbar. Stets ist man dort ein bisschen früher dran. Zumindest, wenn es um die offizielle Zeitzone geht, die sich die Ostseestadt mit Weißrussland teilt. Doch auch wenn die Wahllokale hier eine Stunde früher als in Moskau schließen – meistens haben es die Bewohner der russischen Exklave zwischen Polen und Litauen nicht besonders eilig. In der gesamten Oblast leben etwa so viele Menschen wie in Schleswig-Holstein.

Dabei liegt das frühere Königsberg nur 400 Kilometer von Berlin entfernt. Der alte Name erzählt davon, dass der Ort einst 700 Jahre zum Herzogtum Preußen gehörte. Im Zweiten Weltkrieg wurde Kaliningrad fast vollständig zerstört. Wer sich umschaut, sieht Russland in Miniatur: wiederaufgebaute Kirchen, vergessene Sowjetgebäude. Von einem solchen, dem ehemaligen Rätehaus im Zentrum, lässt es sich bequem hinüberschauen zur Pregelinsel, auf der der restaurierte Königsberger Dom als Wahrzeichen der Stadt trohnt.

»Jantar ne puskajet – der Bernstein lässt dich nicht mehr los.«

Nikolai Kotov, 41, Bernsteinkünstler

Es genügt ein Blick in Nikolai Kotovs wache Augen, und schon ist klar, was sie zum Leuchten bringt: Bernstein. Nah um die linke Pupille herum trägt seine Iris Einsprengsel genau jenes Farbtons, den auch sein Arbeitsmaterial ausmacht. Kotov, ein 41-jähriger Kaliningrader, ist Bernsteinkünstler. Das fossile Harz fasziniert ihn, es bestimmt sein Leben. Und es hält ihn an dem Ort, den er jetzt Heimat nennt. »Ich bin in Kaliningrad wegen des Meeres, wegen der Menschen und, ja, wegen des Bernsteins«, sagt Kotov.

Rund 90 Prozent des weltweiten Bernsteinvorkommens werden hier abgebaut, im ehemaligen Königsberg. Es gibt das seltene Material dort in einer Schönheit und Vielfalt wie sonst nirgends. Weißer, gelber, roter Bernstein wird vom Kombinat »Jantarny« im Kaliningrader Hafen gefördert. Das »Duft Verbreitende«, was der Name des Materials übersetzt bedeutet, hat die Ostseestadt zu einem Hafen für Kunsthandwerker werden lassen. Für rund 2.000 Euro je Kilogramm kaufen sie hier die Rohware und verarbeiten sie weiter, veredeln sie, mit ruhiger Hand und prüfendem Blick.

Werkstattbesuch Kotov: Auf dem Gelände einer ehemaligen Lampenfabrik, direkt am Hafen, wo Frachter unter dröhnendem Hupen Container verladen, steht ein verlassen wirkendes Backsteinhaus. Zwei Tauben haben auf einem Fenstersims ihre Posten bezogen, ein Schäferhund gähnt im Staub, die Nachmittagssonne bricht sich im stahlblauen Wasser. Über diese Welt blickt Kotov, wenn er im zehnten Stock in seiner Werkstatt am Fenster lehnt. Er trägt ein schwarzes Kurzarmhemd, die braun gelockten Haare hat er aus der hohen Stirn gekämmt. Die zuverlässigsten Zeugen seiner Arbeit sind seine Hände: kräftig und doch fein – er gestikuliert, als würde er beim Denken die Wörter kneten.

»Bernstein ist der einzige Stein, der sich warm anfühlt und ganz organisch«, sagt Kotov. Vielleicht will er es nicht zugeben, aber der gebürtige Weißrusse aus der Nähe von Minsk scheint sich in sein Material verliebt zu haben. Vor zwanzig Jahren kam der gelernte Restaurator nach Kaliningrad, um eine alte Ikone wiederherzustellen. Doch dann sah er, wie im Kombinat gearbeitet wurde. Er traf einen Künstler, der aus Bernstein nicht nur die üblichen Schmuckstücke formte, sondern auch Schatullen und Gefäße. Das faszinierte ihn. »Ich habe dann so lange bei ihm gearbeitet, bis ich das Material verstanden habe.«

Und so blieb Kotov in Kaliningrad. Er lernte, wie man Bernstein zersägt, verklebt und schleift. Er lernte, dass es sich nicht nur gut anfühlt, den Stein zu schneiden, sondern auch, dass es wunderbar riecht. Je nach Holzsorte mal nach Kiefer, mal nach Linde, fast wie in der Sauna. Während der Arbeit in seiner Werkstatt, neben der er inzwischen auch ein kleines Zimmer bewohnt, fiel ihm wieder ein, wovon er schon als Kind geträumt hatte. Früher hat Kotov Radios und Fotoapparate auseinandergeschraubt, um die Mechanik dahinter zu verstehen. Heute klickt er sich auf seinem Computerbildschirm durch die Bilder seiner Werke: Schmuckkisten, Schiffe, ganze Wandverkleidungen. Es sind die großen Strukturen, die ihn interessieren. Bernstein verführt zum Größenwahn, das zeigen auch die Auftragsarbeiten, die Kotov manchmal für reiche Moskowiter anfertigt: Eine 50-Kilo-Kröte, groß wie ein Kinderfahrrad, Schatullen, Schlösschen. Er muss selbst darüber lachen.

Still wird Kotov nur, wenn er in Worte fassen soll, wie er wohl einem Blinden seinen

Bernstein erklären würde. »Es fühlt sich ein bisschen an wie Plastik, vielleicht wie Plexiglas, ganz leicht jedenfalls. Manche Steine haben eine Elefantenhaut, manche sind geriffelt«, sagt Kotov. Und doch ist er unzufrieden mit seiner Antwort. Er greift nach einer blauen Schüssel im Regal und breitet Dutzende Steine auf dem Tisch aus, manche kartoffelgroß, andere fingernagelklein. »Kein Stein ist wie der andere«, sagt Kotov.

Wenn Kotov beim Kaliningrader Kombinat Steine bestellt, dann sei das ein bisschen wie beim Roulette, erzählt er. Man wisse nie, wie das Material innen aussehen wird. »Es kann sein, dass man den Bernstein aufschneidet, und er ist unbrauchbar. Oder es kann sein, dass er wunderschön aussieht und man völlig hin und weg ist von der Maserung.«

So ist es auch mit seiner neuen Heimat. Er sei kein Patriot, sagt Kotov. In längeren Arbeitspausen käme ihm immer wieder mal der Gedanke, Kaliningrad zu verlassen, doch käme dann meist ein neuer Auftrag, der ihn zum Bleiben zwinge. Er erzählt von einem geflügelten Wort, das unter den Bernsteinkünstlern im Kaliningrader Hafen kursiert: »*Jantar ne puskajet* – der Bernstein lässt dich nicht mehr los.«

»Wir sind ja sture Leute.«

Igor Odinzow, 76, Leiter des Königsberger Doms

In Igor Odinzows Kirche läuft einiges anders als gewöhnlich – die dunkelbraunen Holzbänke, die in Reih und Glied im Königsberger Dom stehen, sind nicht auf den Altar ausgerichtet, sondern auf die Orgel auf der gegenüberliegenden Seite. Eine deutsche Firma hat sie dort eingebaut. Denn Igor Odinzows Kirche ist heute vor allem ein Konzertsaal, bis zu dreimal täglich spielt der Organist. Ein kleines Wunder für all jene, die die Geschichte des Gebäudes kennen.

Vom Königsberger Dom war nach dem Zweiten Weltkrieg nicht mehr übrig als die Fassade – ein sprichwörtlich »Potemkinsches Dorf«. Bis auf die Grundmauern war die Kirche nach einem Angriff der Alliierten niedergebrannt. Davon erzählen heute nur noch die alten Schwarz-Weiß-Fotos im Museum: leere Fensterhöhlen, Berge von Unrat und Schutt. Die Ruine auf der Pregelinsel galt jahrzehntelang als Schandfleck im Stadtbild – bis Igor Odinzow sich ihrer annahm. Mehr als sieben Millionen Euro Spendengelder hat er gesammelt, heute kommen jährlich 100.000 Besucher. Sie lesen die Namen deutscher Gelehrter an einer Gedenktafel, sie bestaunen das Becken, in dem Immanuel Kant getauft wurde. Vor allem aber kommen sie wegen der Orgelkonzerte.

So sind auch heute die meisten Bänke gefüllt, eine junge Frau mit Kurzhaarschnitt hält ihr Tablet zum Fotografieren in die Luft. Ein Mann mit Mozartperücke und Rüschenhemd begrüßt die Zuhörer, warmes Licht fällt durch die Buntglasscheiben. Igor Odinzows Lieblingsplatz ist belegt. Er sitzt am liebsten in der Mitte des Saales, »dort ist die Akustik am besten«, sagt der 76-Jährige, der von der Krim stammt. Ein Tintenfleck am rechten Daumen erzählt von den vielen Briefen, die Odinzow so gerne an Behörden schreibt. Er ist zäh, in seinen blaugrünen Augen steht der Wille eines Mannes, der für seine Interessen durch die Instanzen geht.

Bevor das Konzert beginnt, führt Odinzow Besucher durch den Königsberger Dom, ganz so, als sei es sein Wohnzimmer. Er hat eine besondere Art, sich einen Raum zu eigen zu machen. Indem er die Hand auf die Dinge legt, über die er spricht. Unter dem Sternrippengewölbe führt Odinzow an Infotafeln vorbei durch das Kirchenschiff. »Eto Bach, eto Wagner«,* erklärt er gleichmütig die Komponisten, als würde er entfernte Verwandte vorstellen.

»Am Anfang hat keiner daran geglaubt, dass ich es schaffe, die Kirche wieder aufzubauen«, sagt Odinzow. Gleich von zwei Seiten sei er kritisiert worden: Kaliningrader Kriegsveteranen schimpften Odinzow einen Verräter, der ein Symbol des Faschismus wiedererrichte. Deutsche Kunsthistoriker nannten ihn einen Dilettanten. »Es war ein langes Zerren«, sagt

* »Das ist Bach, das ist Wagner.«

Igor Odinzow im Königsberger Dom; Blick auf Dom und Park (rechts)

Odinzow und streicht sich langsam über die Glatze, »aber wir sind ja sture Leute«.

So gründete er 1992 die Firma Kafedralnyj Sobor und bewarb sich um die Lizenz zum Wiederaufbau. »Ich habe niemals die Hände gesenkt und gesagt, das kann ich nicht. Ich wusste immer, dass ich es schaffen würde.« Er ist sich sicher, bei seinem Projekt »göttliche Unterstützung« erhalten zu haben. Immer wenn ihm die Gelder ausgingen, sei plötzlich von irgendwoher ein Spender gekommen.

Hilfe bekam er auch von Denkmalschutzexperten aus Deutschland. Odinzow fuhr nach Berlin, nach Dresden, um sich die Tricks der Restauratoren abzugucken. Das Kirchengebäude baute er in enger Zusammenarbeit mit dem Fuldaer Denkschmalschutzzentrum wieder auf. Mit dieser Kirche hat er inzwischen eine Begegnungsstätte für deutsch-russische Kultur geschaffen. »Wir sind stolz darauf, dass hier deutsche Komponisten gespielt werden, Bach, Wagner, Mendelssohn, so etwas gibt es sonst nicht in diesem Umfang in Russland.« Im Kaliningrader Dom liegen deutsche Notenblätter, stehen deutsche Philosophennamen auf Tafeln, ja sogar der Organist Artjom Khatschatarow spricht Deutsch. Und es war auch ein Deutscher, der den Dom immer wieder gerettet hat. Nämlich Kant.

»Sobald ein Ziegelstein herunterfiel, wurden Stimmen laut, die verlangten, dass man die Kirche abreißen solle«, sagt Odinzow. »Doch jedes Mal hat die Nähe von Kants Grab das verhindert.« Der deutsche Philosoph, der gleich neben dem Haus begraben liegt, galt mit seiner *Kritik der praktischen Vernunft* nach sowjetischer Lesart als Wegbereiter des Leninismus, auch deshalb verschonten die Kommunisten das einstige Gotteshaus. Heute ist es Odinzows Anliegen, das Kantmuseum weiter auszustatten. »Es ist kein Ende in Sicht. Je mehr man geschafft hat, desto mehr Aufgaben kommen hinzu«, sagt er. Und auch der Königsberger Dom sei heute noch eine Baustelle, sagt Odinzow – eine geistige Baustelle.

Im Stadtzentrum: Brunnen und »Pagode der sieben Tage« vor dem Verwaltungsgebäude

Elista

Einwohner: 104.017
Entfernung zu Moskau: 1.261 km

Text: Jessica Schober
Fotos: Evgeny Makarov

Dass Lenin hier als steinernes Denkmal über dem Platz wacht, ist allen egal: der siebenstöckigen Pagode, von deren Dächern sich vergoldete Drachen stürzen, der buddhistischen Gebetsmühle und den Kindern, die lachend darumrennen. Und vor allem den Schachspielern ist die Kommunistenstatue gleichgültig. Es sind die 32 schwarzen und weißen Quadrate, um die sich hier alles dreht. Ein alter Kalmücke mit weißer Kappe und Ledersandaletten spielt gerade auf dem zentralen Platz von Elista gegen einen nasengepiercten Jugendlichen. Mit verschränkten Armen steht der Alte da, starrt gebannt auf die gegnerischen weißen kniehohen Plastikfiguren, die vor ihm stehen. Auf gelb-roten Holzbänken sitzen um die zwei Spieler ein Dutzend Zuschauer herum. »Nimm die 8 D«, ruft ein Greis mit Goldzähnen vom Rand. Der heiße Steppenwind fegt über den Platz, er ist der Einzige, der stören darf bei diesem Match. Ansonsten herrscht in Kalmückien feierliche Stille, friedliche Konzentriertheit.

Hier in der südrussischen Provinz, nahe der Grenze zu Georgien, vergeht die Zeit langsamer. Sie bemisst sich nicht nach Stunden oder Minuten, sondern richtet sich nach der Länge einer Schachpartie, nach der Dauer eines buddhistischen Mantras. Und selbst in den rasenden gelben Minibussen, den Marschrutkas, darf man sich ein bisschen mehr Zeit lassen als anderswo in Russland. Eine alte Frau steigt aus einem der Busse, die Ticketverkäuferin will ihr hinaushelfen. »Langsam, langsam, ich bin doch kein Meteorit«, ruft die Großmutter, und der ganze Bus lacht. Dabei würde es nicht überraschen, wäre die Alte eine von einem anderen Stern. Denn Kalmückien, die buddhistische Teilrepublik mitten in der Steppe, ist tatsächlich nicht von dieser Welt.

»Den Falken erkennt man am Flug.«

Alexander Abaschinow, 63, Leiter der Schachakademie

In Kalmückien braucht es viel Training, aber kaum Muskeln, um den Nationalsport zu betreiben: Schach ist das Spiel, das in der südrussischen Teilrepublik jedes Kind lernt. Die Besten der Kleinen dürfen auf die Schachakademie in Elista. Ein Besuch beim Direktor.

Den Falken erkennt man am Flug, sagt ein russisches Sprichwort. Wenn das stimmt, dann gilt für Alexander Abaschinow wohl: Den Schachspieler erkennt man am Zug. Am ersten vor allem. Ganz langsam blättert er sein Notizbuch durch und sucht nach den Namen der letzten westlichen Journalisten, die ihn besucht haben. Er hat sie alle notiert, Gesprächsdetails festgehalten, Wichtiges unterstrichen. Nach quälenden Sekunden erst schaut er auf und sagt das lang ersehnte »Guten Tag« in das stille Klassenzimmer hinein. Alexander Abaschinow ist gern gut vorbereitet, auch wenn das ein bisschen länger dauert.

»Die Spieleröffnung verrät schon sehr viel«, sagt der Mann im grauen Kurzarmhemd. Und das erklärt, warum er es mit allem so genau nimmt. Es will durchdacht sein. Abaschinow ist Leiter der Schachakademie in Elista, der Hauptstadt Kalmückiens. »Schach lehrt uns Durchsetzungsfähigkeit und Fleiß«, sagt er. Und damit könne man gar nicht früh genug anfangen.

Den Nationalsport lernen die Kleinsten bereits mit sechs Jahren. Dann dürfen sie nach »Chess City« kommen, einem eigens für die

Schacholympiade 1993 erbauten künstlichen Areal am Stadtrand von Elista. Die Adressen der symmetrisch angelegten Straßen heißen 11 a oder 8 c. In einem der Reihenhäuschen befindet sich das Klassenzimmer mit niedrigen Holztischchen. Die Kinder – meist sind es etwa gleich viele Mädchen wie Jungen – dürfen auf einem der Schemel Platz nehmen und eine neue Welt erkunden: eingeteilt in acht mal acht Quadrate, gemustert in hell und dunkel, beherrscht von 32 Figuren. Vier Stunden am Tag beschäftigen sie sich dann mit Schach, schieben Könige, Türme und Bauern, üben Eröffnungen, besprechen Taktiken. Manche Schüler weinen, wenn sie verlieren. Alle Partien werden notiert und analysiert. Jede Niederlage seziert. An einigen Stellen sind die Schachbretter abgenutzt, ist die oberste Lasurschicht weggespielt.

Alexander Abaschinow ist stolz auf seine Schule. In seiner Präsidentschaft hat er drei Russlandmeister und drei Europameister aus Kalmückien hervorgebracht. Er ist jetzt 63 Jahre alt, Schach spielt er, seit er sieben ist. Durch das Spiel hat er gelernt, sich für alles und jeden vorzubereiten. Sonst wäre er Ringer oder Tischtennisprofi geworden. Ein rotes Lederband mit einem speckigen Buddha hängt um seinen kräftigen Hals. Sein Bauch erzählt vom stundenlangen Sitzen. Mehr als er selbst, denn Abaschinow redet zuweilen atemberaubend langsam. Als wäre das seine Kampfstrategie.

»Meine Einstellung ist diese: Der Hund bellt, aber die Karawane zieht weiter«, sagt Abaschinow, wenn man ihn danach fragt, wie er sich für ein Spiel sammelt. Konzentrationsprobleme kennt er nicht. Begeistert erzählt er von einem seiner Großmeister, der einmal an 30 Brettern gleichzeitig spielte. Nach der Partie sei der Gegenspieler von Tisch 17 zum Großmeister gekommen und habe gefragt: »Was, wenn ich mit dem Pferd gegangen wäre?« Der Großmeister antwortete: »Dann hätte ich den Läufer genommen.« Das ist es, was Abaschinow Respekt abringt. »Er hatte sehr starke Kombinationen, er hatte alle Partien perfekt im Kopf vorbereitet.«

Eine kluge Strategie will Abaschinow auch seinen Schulkindern beibringen. »Schachspie-

Alexander Abaschninow bei einer Partie Schach mit einem Lehrer der Schachschule

len ist gut für die geistige Entwicklung. Wenn die Kinder hier bei uns schon mit fünf Jahren Schach lernen, dann haben sie eine ganz andere Systematik im Kopf, wenn sie später in die Grundschule kommen.« Mit einem speziellen Computerprogramm für die ersten drei Jahre üben sie zunächst Logik und leichte Figuren. Im Unterricht gibt der Lehrer Übungsaufgaben, um das Spielniveau der Schüler herauszubekommen. Danach spielen die Schüler eins gegen eins.

Abaschinow seufzt. Er hat langsam genug vom Reden. Ein Bekannter kommt gerade zur Tür herein, die Männer begrüßen sich mit Handschlag. »Komm«, sagt Abaschinow, »lass uns spielen!«

Jeden Abend versammeln sich im Stadtzentrum Schachliebhaber, um gegeneinander zu spielen.

»Sei glücklich!«

Telo Tulku Rinpoche, 42, Oberhaupt der Buddhistischen Gemeinde Kalmückiens

In Elista steht ein Tempel. Es ist der Churul. So nennen die Kalmücken das neu gebaute Zentrum ihres Glaubens. Hier, im südlichsten Zipfel Russlands, mitten in der Steppe, erwacht die buddhistische Kultur des einstigen Mongolenvolks zu neuem Leben. Dass nach dem Ende der Sowjetunion die alten Gebete und Rituale wieder Anklang finden, liegt vor allem an einem Mann: Telo Tulku Rinpoche ist das geistige Oberhaupt der rund 160.000 Buddhisten in Kalmückien. Vom Dalai Lama wurde er beauftragt, hier erneut einen Platz zu schaffen für seine simple Weisheit: Sei glücklich.

Guten Tag, Herr Erdne Ombadykow, wie kann ich Sie richtig ansprechen und begrüßen?
»Namaste«* sagen wir hier im Churul**, in unserem Tempel, so wie in Tibet. Mich nennt man auch Telo Tulku Rinpoche, ich bin der vorsitzende Lama der buddhistischen Gemeinschaft in Kalmückien. Der Dalai Lama hat mich als Wiedergeburt eines hohen Lamas anerkannt.

Sie sind in Philadelphia in den USA geboren – wie sind Sie in Kalmückien gelandet?
Als andere Kinder Feuerwehrmann oder Polizist werden wollten, hatte ich bereits ein starkes Interesse am Buddhismus. Mit sieben Jahren schickten mich meine Eltern in ein buddhistisches Kloster nach Indien. Dort war ich 13 Jahre lang. Mit 21 begleitete ich den Dalai Lama auf seiner ersten Reise nach Kalmückien. Er bat mich, zu bleiben. So habe ich meine Wurzeln kennengelernt.

Was war das Überraschendste für Sie, als Sie aus dem indischen Kloster nach Kalmückien kamen?
Meine Eltern hatten mir in den USA nie richtig erklärt, woher ich komme. Ich wusste, dass wir

* Asiatische Grußformel
** Name des kalmückischen Haupttempels in Elista

mongolischen Ursprungs waren, hatte aber keine Ahnung, wo Kalmückien genau lag. In Indien hatten wir auch keinen Geografieunterricht im Kloster. Als ich das erste Mal nach Elista geflogen bin, habe ich mich gewundert, warum der Flug von der Mongolei aus so lange dauerte. Ich habe gedacht, ich sei gekidnappt worden. Als ich das Kaspische Meer sah, konnte ich es nicht fassen. Ich ließ mir eine Weltkarte bringen, und dann verstand ich, wie weit ab vom Schuss die kalmückische Enklave liegt – und wie groß die Dimensionen in Russland sind.

Was war Ihre Aufgabe, als Sie nach Kalmückien kamen?

Anfang der neunziger Jahre war hier nichts vom Buddhismus übrig, kein Kloster, kein Tempel, kein einziger Mönch. Es wurde aber dringend jemand gebraucht, der die Wiedereinführung der Religion übernehmen konnte. Ich wurde gebeten, das zu tun. Ich wusste, ich konnte nicht viel Bekanntes bei der Bevölkerung voraussetzen, aber es hat mich überrascht, wie viele Gebete und Rituale die ältere Generation noch bewahrt hatte. Für mich war das wirklich inspirierend zu beobachten, wie sich die Leute hier ihr Kalmücken-Dasein erhalten hatten. Sie haben gespürt, dass sie Buddhisten waren. Aber wenn man sie gefragt hat, was Buddhisten sind, dann hatte niemand eine richtige Antwort.

Was hat sich seitdem geändert?

Seit 1992 haben wir etwa 30 Tempel in ganz Kalmückien bauen können. Wenn anfangs 60 Leute zu einem buddhistischen Feiertag in die Tempel kamen, dann haben schon alle »Whoohoo« gerufen. Heute können wir kaum alle Besucher unterbringen. Es ist erstaunlich, wie viele russische Buddhisten es mittlerweile gibt. Nicht nur hier, sondern auch in den Nachbarregionen und in Moskau, St. Petersburg oder Ufa. Zu Sowjetzeiten war Russland ein geschlossenes Land, aber in den letzten zwanzig Jahren hat es sich geöffnet. Es hat den Menschen die Möglichkeit gegeben, Neues zu entdecken, in wirtschaftlicher und kultureller Hinsicht, aber eben auch im Bereich der Spiritualität.

Welche Spuren hat die Religionsunterdrückung zu Sowjetzeiten hinterlassen?

Meiner Erfahrung nach ist die alte sowjetische Mentalität eine sehr harte. Die Menschen hatten gelernt: Religion ist Gift. Aber im Laufe der Zeit haben die Leute verstanden, dass ihnen der Buddhismus bei alltäglichen Problemen hilft. Ich glaube, wir konnten vielen Menschen emotional beistehen in den letzten 20 Jahren. Unsere Sprache wurde uns vielleicht genommen, aber nicht unser Glauben.

Wie kann jemand, der ohne Religion aufgewachsen ist, Zutrauen zum Buddhismus entwickeln?

»Goldener Aufenthaltsort des Buddha Shakyamuni«, der größte buddhistische Tempel in Europa

Mit Kunst, Film und Poesie haben wir das Interesse der Menschen geweckt. Die Lehren des Buddhismus basieren ja auf der Realität der heutigen Zeit. Ich sage das jetzt nicht diskriminierend gegenüber anderen Religionen. Aber im buddhistischen Konzept glauben wir nicht an einen allmächtigen Erschaffer der Welt. Der allmächtige Erschaffer ist das Individuum. Was also ist der Sinn des Lebens? Der Sinn des Lebens ist es, glücklich zu sein, nicht wahr?

Was bedeutet das für das alltägliche Handeln eines Kalmücken?
Also, wenn wir glücklich sein wollen, müssen wir verstehen: Mein Glück hängt von mir ab. Ich habe Kontrolle darüber, wer oder was ich sein will und wann ich es sein will. Das passt zur heutigen Zeit. Es ist ja ein beliebter Trend, das Wort »Karma« zu benutzen. Aber viele Menschen im Westen wissen gar nicht, was das wirklich bedeutet. Sie meinen, das sei eine coole Sache. Deshalb erklären wir den Menschen die Lehren des Buddhismus.

Die da wären?
Es geht darum, den Menschen Hoffnung zu geben. Und die Energie für ganzheitliches Leben. Wer einen gesunden Geist hat, hat einen gesunden Körper. Wenn jemand physisch leidet, aber optimistisch darangeht, seine Krankheit zu überwinden, und zudem die modernen Methoden der Wissenschaft anwendet, der wird sein Leiden überwinden. Mit Medizin und Gebeten allein kann man zwar nicht jede Krankheit heilen, aber der Mensch kann bis zum letzten Atemzug ein gesundes Leben führen, indem er seinen Geist trainiert. Das ist das Konzept: den Geist trainieren, den Geist trainieren, den Geist trainieren.

Lassen Sie uns über diese Region reden – was ist das Besondere an Kalmückien?
Dies ist nicht nur die älteste buddhistische Region in Russland, sondern auch in Europa. Nicht mal unsere Nachbarn wissen, dass Kalmückien neben ihrer Haustür existiert. Sie kommen hierher und denken, sie sind in einem fremden Land. Wir sind die einzige ethnische asiatische Gruppe, die in den letzten 400 Jahren zu Russland gehörte. Im Süden liegen das muslimische Dagestan und Tschetschenien, und überall sonst um uns herum ist alles russisch-orthodox. Die Kalmücken hier reden zwar russisch auf der Straße. Aber es gibt Dinge, in denen wir uns unterscheiden. Nicht nur äußerlich, sondern auch auf mentaler Ebene.

Inwiefern?
Wenn man sich die Geschichte des russischen Südens über die letzten Jahre anschaut, dann ist das hier die friedlichste Region im gesamten Südring. Das liegt an unserer Kultur. Dabei geht es ja nicht nur um traditionelle Tänze und Gesänge, sondern um eine friedfertige, liebevolle und gewaltfreie Einstellung. Das ist es, was der Buddhismus lehrt: Toleranz, Großzügigkeit, Mitgefühl.

Es fällt zumindest auf, dass die Leute hier langsamer Autofahren als sonst in Russland.
(Lacht.) Ich weiß nicht, ob das schon etwas mit Buddhismus zu tun hat. Aber doch, ja, im Vergleich zu anderen Städten wie Rostow oder Wolgograd glaube ich, dass es hier weniger aggressiv zugeht. Unsere Leute sind offener und empfänglicher für Neues.

Wie sehr gehört dieser Teil von Russland überhaupt zu Russland?
Das ist ein sehr sensibler Bereich, aber ich möchte dennoch gern darüber reden. Es gibt hier im Land diese Bewegung, dass Russland nur den Russen gehören solle. Ich bin damit nicht einverstanden. Wenn man jeden Tag dreimal Reis essen müsste, wäre das ziemlich langweilig. Würde man nicht viel lieber an einem Tisch sitzen, an dem es Salat, Brot und alle möglichen Gemüsesorten gibt? So sehe ich Russland. Dies ist ein großes Land mit vielen ethnischen Gruppen, verschiedenen Religionen und Kulturen. Ich weiß es sehr zu schätzen, dass es so bunt ist. Das müssen auch die Leute verstehen: dass Russland noch viel mehr Geschmacksrichtungen zu bieten hat.

Der Lama Telo Tulku Rinpoche, mit bürgerlichem Namen: Erdne Ombadykow

Stadtansicht von Kasan: Fluss Kajanka und im Hintergrund Neubauten am Ufer im Bezirk Novo-Savinovskij

Kasan

Einwohner: 1,14 Millionen
Entfernung zu Moskau: 808 km

Text: Jessica Schober
Fotos: Evgeny Makarov

Woran man merkt, dass dies Kasan ist? Beim Bäcker gibt es Baklava und keine Piroggen. Am Kiosk liegt der Koran, daneben das seltsam anmutende Heft *Das Horoskop der kasanischen Katze.* Neben den Zwiebelhauben und Kuppeln der orthodoxen Kirchen schrauben sich die Zinnen und Minarette der Moscheen in den Himmel. Kasan, die Hauptstadt der autonomen Republik Tatarstan an der Wolga, 800 Kilometer östlich von Moskau, ist das muslimische Zentrum Russlands. Gerade bestimmt der Fastenmonat Ramadan das öffentliche Leben.

52 Prozent der Bevölkerung sind Tataren. Viele von ihnen sprechen nicht nur Russisch, sondern auch Tatarisch. Die dem Türkischen ähnliche Sprache hört man meist zu Hause und im Kreis der Familie, »Küchensprache« nennen Linguisten dieses Phänomen. Auf den Straßenschildern entlang der Ulitsa Baumana, die vorbeiführt an prachtvollen Kathedralen und Barockfassaden, liest man aber überall Kyrillisches. Die zentrale Fußgängerzone ist benannt nach dem Revolutionär Nikolai Bauman.

Hoch oben über der Stadt erklingen andere Rufe. Auf einem Hügel thront der Kasaner Kreml, der zum UNESCO-Weltkulturerbe gehört. Seine historischen Mauern umschließen nicht nur die Regierungsgebäude und die Mariä-Verkündungs-Kathedrale. Zum 1.000-jährigen Geburtstag Kasans wurde hier 2005 auch die Kul-Scharif-Moschee eingeweiht. Ihre türkisfarbene Kuppel und die schlanken weißen Minarette, die 58 Meter hoch in den Himmel ragen, sind inzwischen Kennzeichen Kasans.

»Ertragen, wenn jemand anders ist, Frieden mit den anderen finden.«

Kamil Hazrat Samigullin, 28, Mufti von Tatarstan

Der Kaftan ist schwarz, das bärtige Kinn schmal, Kamil Hazrat Samigullin ist ein blasser Mann. Und ein mächtiger. Denn der Mufti ist die zentrale Figur des islamischen Tatarstan. Mehr als 60 Prozent der 3,7 Millionen Tataren bekennen sich zu dieser Religion, die russische Orthodoxie ist hier in der Minderheit. 20 Moscheen hatte Tatarstan noch vor 25 Jahren, heute sind es 1.500.

Kamil Hazrat Samigullin lädt zu einem Gespräch über Religion und Tatarentum in den Verwaltungsbau der muslimischen Gemeinde, die Karl-Marx-Straße führt von dort direkt zum Kreml der Stadt.

Kamil Hazrat Samigullin, Sie sind erst 28 und schon der Mufti der Republik Tatarstan. Recht jung, nicht wahr?
Stimmt, aber das ist eine Unzulänglichkeit, die schnell vergehen wird.

Samigullin lächelt schmallippig. Gleich zu Beginn wird klar: Auf persönliche Fragen antwortet der Mufti nicht. Für das Interview hat er zuvor zwei Stühle bereitstellen lassen. Für die Männer im Raum. Die Fragestellerin hingegen darf sich etwas abseits hinsetzen, Samigullin unterhält keinen Blickkontakt zu Frauen, auch nicht mit Reporterinnen.

Herr Samigullin, wie fanden Sie die Universiade, die olympischen Spiele der Studenten, die gerade in Kasan stattgefunden hat?
Die Essensversorgung bei der Universiade war halal, es gab getrennte Gebetsräume für Männer und Frauen, und es gab einen Prediger, der Arabisch, Tatarisch und Russisch sprechen konnte. Die Spiele waren aus meiner Sicht also in Ordnung.

Erstaunlich, dass Sie selbst bei einer Sportveranstaltung vor allem auf die Einhaltung religiöser Richtlinien achten. Sie stehen doch für den jungen Islam in Russland.
Wir Tataren sind besonders. Wir sind Moslems, aber aus dem Norden. Bei uns arbeitet das Hirn stärker als das Herz. Im Süden sind die Leute viel emotionaler. Wir denken erst nach und handeln dann.

Wie russisch ist Tatarstan?
Für Russen und Tataren ist dieser Ort hier – vom Herzen her – ihre gemeinsame Heimat. Tatarstan ist ein Teil des neuen Russlands. Wir haben zwar unsere eigenen Bräuche und Traditionen, der Islam ist hier tief verwurzelt. Aber wir haben uns mit den anderen Republiken um uns herum, wie Baschkirien und Udmurtien, weiterentwickelt. Deswegen gibt es keine Feindschaften.

Wie hat sich das Leben für die Muslime geändert?
Früher wurden muslimische Gelehrte nach Sibirien deportiert, wir durften keine Steinmoscheen bauen, viele Gläubige beteten heimlich nach Mekka. Dann kam die Wiedergeburt des Islam in den Neunzigern. Heute halten wir uns hier an die gleichen Regeln wie die Muslime in der Türkei. Seit mehr als tausend Jahren ist hier schließlich der Hanafi-Islam, ein gemäßigter sunnitischer Islam, zu Hause.

Auf Ihren Vorgänger wurde ein Anschlag verübt, ein Mitarbeiter des Muftis kam dabei ums Leben. Wie gefährlich ist Ihre Arbeit?
In der Regel ist hier alles friedlich. Das lassen wir uns nicht von unangenehmen Ausnahmen kaputt machen. Ich habe hier eine heilige Aufgabe. Davor senke ich den Kopf.

Herr Samigullin, wie sehr bestimmt der Islam den Alltag der Menschen?

Inzwischen ist es hier sehr bequem, als Moslem zu leben, es gibt muslimische Restaurants und Kindergärten. Hier ist es auch ruhiger als im Kaukasus, wo die Menschen noch viel religiöser sind. Ich bin da für eine goldene Mitte, dafür, dass die Menschen gemäßigt und tolerant miteinander umgehen.

Was bedeutet Toleranz für Sie?
Toleranz bedeutet, dass man lernt zu ertragen, wenn jemand anders ist. »Ertragen« ist zwar kein schönes Wort dafür, aber es geht darum, seinen Frieden mit den anderen zu finden.

Wie leicht fällt es Ihnen, zu ertragen, wenn zum Beispiel Frauen in Kasan kein Kopftuch tragen?
Das ist zunächst das Problem ihrer Ehemänner. Sie wollen wissen, warum meine Frau verhüllt ist? Weil sie mir sehr wichtig ist, weil sie mein Schatz ist. Wenn jemand einen großen Brillanten hat, dann wird er ihn auch eher im Safe aufbewahren, als offen zur Schau zu tragen. Wir haben hier lange dafür gekämpft, dass die Mädchen in der Schule Kopftuch tragen dürfen. Das ist in manchen Regionen Russlands verboten. Das Kopftuch ist ja keine Mode, sondern eine Vorschrift des Korans.

Zuletzt wandten Sie sich gemeinsam mit orthodoxen Geistlichen an die Politik, als die Gaspreise für die einfachen Bürger Tatarstans unerschwinglich wurden. Arbeiten Sie öfter zusammen?
Der Rabbi, der Patriarch und ich, wir sind direkt verbunden. Vieles läuft zwar parallel, wir haben zum Beispiel eine eigene Druckerei, die Christen haben ihre eigene. Im Privatleben sind aber viele Tataren und Russen, Muslime und Christen befreundet. In der Schule lernen die Kinder, unabhängig von der Konfession, die gemeinsame Geschichte der Religion.

Die Kul-Scharif-Moschee

Krasnojarsk

Platz des Friedens, Resanow-Denkmal, Ehrenpforte

Einwohner: 1 Million
Entfernung zu Moskau: 4.431 km

Text: Wlada Kolosowa
Fotos: Olga Matweewa

Wer einen 10-Rubel-Schein in der Hand hält, sieht ein Stück Krasnojarsk. Die Jenisseibrücke ist darauf gedruckt, die Kapelle der Paraskewa Pjatniza und die Staumauer des Krasnojarsker Stausees. 1628, als ein Außenposten von Kosaken errichtet wurde, wurde die Stadt zum Industriezentrum und ist heute die Hauptstadt des Krasnojarskij Kraj – einer Region, so groß wie sechseinhalbmal Deutschland.

Krasnojarsk ist eine Stadt, die sich schnell wandelt, die wächst, zerfasert und sich ständig selbst verdaut. Vor allen Dingen in den Fünfzigern und Sechzigern wurden viele alte Gebäude abgerissen – Denkmalschutz gab es bis 1976 nicht. »In Europa hat der Krieg die historischen Bauten zerstört«, sagt der Hauptarchitekt der Stadt, Konstantin Schumow, »hier war es die Ideologie.« Und trotzdem: Krasnojarsk ist wie ein erwachsener Mann, in dessen Miene manchmal die Züge des pummeligen Dreijährigen aufblitzen, der er einmal war. Konstantin Schumow zeigt uns eines der ältesten Gebäude der Stadt, gebaut 1785, dicke Stämme, geschwungene Holzrüschen. Das 20. Jahrhundert hat die ersten Häuser aus Stein hinterlassen, die Sowjetzeit-Kirchen abgerissen und Funktionsbauten hingestellt; die wilden Neunziger haben planlos Officegebäude und Einkaufscenter in die Stadt gestreut; der Ex-Bürgermeister Palmen und Unmengen von Fontänen.

Vor hundert Jahren begann der Wachstumsschub von Krasnojarsk: Am Anfang des 20. Jahrhunderts lebten hier 25.000 Einwohner, 2013 hat Krasnojarsk die Millionenmarke überschritten. Die Stadt spannt an den Nähten, Hochhäuser sprießen aus dem Nichts, die Straßen sind chronisch verstopft.

Wer Geld hat, zieht in ein Eigenheim, in die ökologisch sauberen Gebiete – Krasnojarsk ist eine der zehn schmutzigsten Städte Russlands. »Wir erleben Stadtflucht wie im Amerika der fünfziger Jahre«, sagt Schumow »Aber sie kommen alle sicher zurück. Schau dir bloß die Stadt von oben an.« Und wenn man am Karaulnyj-Hügel steht – dem besten Aussichtspunkt der Stadt, mit der Kapelle vom 10-Rubel-Schein –, unter einem Krasnojarsk im Sonnenuntergang wuselt und der Jenissei still fließt, versteht man es tatsächlich.

Allee des Friedens (Prospekt Mira)

»Das Fenster nach Asien.«

Alexander Uss, 60, Vorsitzender des Parlaments der Region Krasnojarsk

Träumen – das konnte Alexander Uss schon immer. Als Kind wollte er unbedingt Seemann werden, obwohl er in einem 150-Seelen-Dorf inmitten der Taiga aufwuchs. Ein Matrose wurde aus ihm nicht, das Meer hat er erst mit 30 Jahren gesehen. Er legte sich neue Träume zu: Jurist werden – auch nicht so einfach für einen Dorfjungen. Und Europa sehen – fast unmöglich während der Sowjetzeit. Inzwischen ist Uss Juraprofessor. 1986 kam er mit einem Stipendium des Max-Planck-Instituts nach Freiburg, zu damaligen Zeiten glich das »der Mondlandung der Kosmonauten«, erzählt er. Uss wurde eine Stelle in Deutschland angeboten, aber er kam zurück, promovierte, unterrichtete an der Staatlichen Universität Krasnojarsk und stieg nach der Perestroika in die Politik ein. Seit 1997 ist er Abgeordneter des Parlaments der Region Krasnojarsk, seit 1998 Vorsitzender. Politiker zu werden, davon hat er zwar nie geträumt. Aber inzwischen fühlt er sich wohl in der Rolle: »Vielleicht ist es eine der wichtigsten Qualitäten für Politiker: Träumen. Und dann machen.«

Ist Sibirien das Herz Russlands oder fernes Land?

Ich frage mich immer: Fern von was? Nach Peking sind es zum Beispiel nur vier Flugstunden. Und manchmal stehe ich länger in Moskauer Staus, als der Flug dorthin dauerte. Unsere Verwaltungsregion ist einer der reichsten Teile Russlands. Und nach einigen Berechnungen liegt Krasnojarsk genau in der Mitte des Landes.

Krasnojarsk als Hauptstadt Russlands – könnten Sie sich das vorstellen?

Warum eigentlich nicht? Zar Peter der Erste hat schließlich die Hauptstadt verlegt, als es im Interesse des Landes schien. St. Petersburg wurde zum »Fenster nach Europa«. Momentan wird Asien immer wichtiger. Warum sollten wir nicht ein Fenster dorthin öffnen? Ich glaube nicht, dass es St. Petersburg oder Moskau schaden würde. Diese Städte sind etabliert.

Sie haben in Freiburg und in Moskau gelebt – warum kamen sie immer wieder nach Sibirien zurück?

Patriotismus ist ein bisschen wie Liebe. Es bedeutet, die guten und die schlechten Seiten von etwas zu sehen – und es trotz dessen zu lieben. Ich liebe meine Stadt dafür, dass sie *meine* ist. Sie werden es kaum glauben: Aber selbst am Südseestrand sehne ich mich tatsächlich nach dieser Gegend. Es prägt, wenn man lange irgendwo gelebt hat. Das kennt doch jeder, wenn er in den Urlaub fährt: Egal wie schön es ist, aber spätestens nach zwei Wochen sehnt man sich nach zu Hause.

»In Atlanten schwebt das Wort ›Sibirien‹ über dem nördlichen Drittel Asiens, nicht gebunden an einen bestimmten Ort, wie um eine

КРАСНОЯР

Zone oder einen Zustand zu designieren«, schreibt der amerikanische Schriftsteller Ian Frazer. »Für die meisten Menschen ist Sibirien kein Ort, sondern eine Wortwendung.« Als Beispiel führt er das »soziale Sibirien« an, oder unpopuläre Tische in teuren Restaurants, die man manchmal Sibirien nennt. Braucht Sibirien ein neues Image?

Sagen wir es so: Es braucht ein *erneuertes* Image. Wir müssen der Welt klarmachen, dass es hier durchaus Zivilisation und Kultur gibt: gute Universitäten, gute Restaurants, tolle Erholungsmöglichkeiten. Aber es stimmt nach wie vor, dass Sibirien ein harter Ort ist, an dem die Menschen sich beweisen und über sich hinauswachsen. Wir lieben diese Gegend nicht nur dafür, dass sie schön ist, sondern weil wir es auch geschafft haben, hier zu überleben. Und wie zu früheren Zeiten ist Sibirien die Schatzkammer des Landes: Hier wird viel Öl und Kohle abgebaut, und unser Wasserkraftwerk bei Diwnogorsk ist eines der größten der Welt.

Ein anderer Schriftsteller, der Russe Valentin Rasputin, erklärt das Wort »Sibir'« so: *sebe beri*, »nimm's dir«. Was bleibt in Sibirien, wenn die Bodenschätze aufgebraucht sind?

Es stimmt: Mit Sibirien wird traditionell Rohstoffindustrie verbunden. Bereiche wie Wissen, Service und Kultur wurden lange als drittrangig betrachtet. Das muss nicht sein: Das Internet stellt Informationen nach Krasnojarsk genauso schnell zu wie nach Moskau. Und unsere vermeintlichen Probleme, Kälte und Entfernung, können auch ein Vorteil sein. Man braucht nur ein Umdenken. Sibirien ist weit weg – dafür auch weit weg von Naturkatastrophen. Hier gibt es keine Vulkane und keine zerstörerischen Erdbeben. Warum sollte man hier nicht zum Beispiel Server aufbewahren? Es ist kalt hier: Warum könnte man sich nicht auf Wintersport spezialisieren? Es gibt viele Menschen, die sich wegen überlaufener Erholungsorte beschweren. Bitte schön: In Sibirien gibt es Wälder, in denen man tagelang keinen Menschen trifft.

An der Allee des Friedens (links);
Blick auf den Jenissei

Baikalsee, der tiefste und älteste Süßwassersee der Welt

Listwjanka

Einwohner: 2.000
Entfernung zu Moskau: 5.252 km

Text: Wlada Kolosowa
Fotos: Olga Matweewa

Hinter dem Ortsschild mit dem Namen *Listwjanka* verbergen sich zwei Orte. Es gibt das Listwjanka der Souvenirs, des Schaschliks und der Vergnügungsfahrten, das Listwjanka der Seerobben-Shows und T-Shirts mit der Aufschrift: »I hear voices in my head, but they speak Russian.« 70 Kilometer südöstlich von Irkutsk ist Listwjanka der größte Umschlagplatz für Baikaltouristen. Die Siedlung liegt nahe der Stelle, wo der Fluss Angara in den Baikal mündet.

Etwas höher, auf dem Hügel, ist das Listwjanka der Kühe und Kleingärten und selbstgebastelten Fernsehantennen. Hier gibt es nichts zu sehen, und davon reichlich. Die Einwohner des Örtchens leben ein stilles Leben, das im Sommer von Touristen und Urlaubern unterbrochen wird.

Das Einzige, was die beiden Listwjankas gemeinsam haben, ist der Baikalsee – »das heilige Meer«, so nennen ihn poetische Russen, das in einer Minute die Farbe von Haien hat und in der nächsten die von Kornblumen. Der Baikalsee wurde von der UNESCO zum Weltnaturerbe erklärt. Ein »wichtiges Süßwasserreservoir«, schreibt der Reiseführer: 20 Prozent der Süßwasserreserven der Welt befinden sich hier.

»I Russian – you?«

Tatiana Belich, 58, Rentnerin und Omul-Verkäuferin

»Nicht dass ich noch im *Playboy* lande! Ich kenn euch Paparazzi!« Tatiana Belich gefällt unsere Kamera nicht. Aber dann zeigt sie dem Objektiv doch noch ihr Lächeln aus verschiedenen Edelmetallen. Belich ist eine energetische Frau, kompakt und robust. Sie bewegt sich im Fast-forward-Modus und lässt das Gold und Silber in ihrem Mund oft und gern aufblitzen. Alle zwei Tage verkauft sie am Markt von Listwjanka Omul in jeder Ausführung: Warmgeräucherten Omul, kaltgeräucherten Omul, gedörrten Omul, gegrillten Omul, Omul-Kaviar, Omul-Stroganina – einen kalten Salat aus rohem Fisch.

Sie vergisst niemandem zu sagen, wie frisch und phosphorreich der Lachsfisch ist, den es nur im Baikal gibt. »Seit Jahren bin ich von Omul umringt – und esse ihn immer noch gern.« Ein deutsches Paar läuft vorbei, einer sagt: »Der rohe Salat da, der hat bestimmt Salmonellen.« Eine japanische Gruppe zieht mit Blitzlichtgewitter vorbei. »Manchmal fühle ich mich wie ein Ausstellungsstück im Museum«, sagt Belich. »Aber ich bleibe freundlich, sage jedem ›Good morning‹. Frage immer, wenn einer länger am Stand bleibt: ›I Russian – you?‹«

Belich kommt ursprünglich aus Burjatien. Sie ist gelernte Buchhalterin, arbeitete aber die letzten Jahre vor der Rente auf einem Forschungsschiff als Köchin. Danach mietete sie den Stand am Markt: Zwei Tage Omul, zwei

Tage frei, dann wieder zwei Tage Omul, in Endlosschleife, von neun Uhr »bis zum letzten Fisch«. Verkaufssaison ist von Mai bis November, danach gefriert die Ware am Stand.

Seit 2004 wohnt Belich in Listwjanka. Der Großteil ihrer Nachbarn verdient Geld mit denen, die mit dem einzigen Ziel kommen, Geld auszugeben: für Souvenirs und Schaschlik und Bootstouren. Manche Listwjanka-Einwohner träumen von »Baikal City« mit einem Ski- und Kongresszentrum, einem Aquapark und einem Yachthafen. »Und manche sind immer noch Selbstversorger«, erzählt Belich. Auch sie verbringt die freien Tage im Garten: Möhren wachsen dort, Rote Bete, Kartoffeln, Erbsen. Ihre Nachbarin schaffte es sogar, Weintrauben in Gewächshäusern anzubauen. Aber für solche Spielereien hat Belich keine Zeit – sie muss sich um ihre 82-jährige Mutter kümmern, die bei ihr wohnt, und um die Tochter nebenan und um die Enkelin, die inzwischen 18 ist und nächstes Jahr studieren will. Manchmal sitzen die vier Generationen bei ihr im Garten, essen Omul-Piroggen oder Pizza und pflücken zum Nachtisch Himbeeren von den Büschen.

Ob es im Winter, wenn die meisten Touristen gehen, nicht manchmal deprimierend wird? »Und ob!«, sagt Belich mit einem breiten Lächeln, als würde sie mit einer besonderen lokalen Ressource angeben. Wobei: So ganz versiegt der Touristenstrom nie. Er kommt aus aller Welt, und er kommt beständig. Im Sommer zum Baden oder um Bier am Ufer zu trinken. Im Winter, um Schlittschuh zu laufen und Eis-Skulpturen anzuschauen. »Der Baikal ist ein See, der zu jeder Jahreszeit schön ist.«

Stockt ihr nach neun Jahren immer noch der Atem, wenn sie das »heilige Meer« sieht? »In der alltäglichen Routine verwischt viel«, sagt Belich. Wann sie das letzte Mal gebadet oder eine Spazierfahrt gemacht hat, weiß sie nicht mehr. Aber ab und an haue es sie schon um, dieses Licht und dieses Wasser. »Manchmal, wenn es nach der Arbeit noch hell ist, setze ich mich an den Steg und schnurre ein Liedchen.« Das Leben sei hart hier, keine Frage, aber sei es das nicht überall? »In jedem Häuschen ein eigenes Mäuschen«, sagt Belich. Soll heißen: Menschen ohne Probleme gibt es nicht.

Einen Traum hat sie: Irgendwann Paris sehen. Oder noch lieber Sotschi am Schwarzen Meer. Dafür müsste sie ihre Rente über Jahrzehnte sparen. Wie hoch die ist, will sie nicht verraten: »Da würde euch der Bauch vor Lachen wehtun«, sagt sie. »Ich werde hier am Verkaufsstand stehen und lächeln, von morgens bis abends, solange ich nicht umfalle.«

Omul-Verkäuferin Tatiana Belich
und ihr Fischstand

Stadtpanorama mit Blick auf die Nagaew-Bucht

Magadan

Einwohner: 95.982
Entfernung zu Moskau: 10.282 km

Text: Wlada Kolosowa
Fotos: Olga Matweewa

Dicker Nebel liegt über der Stadt, hüllt die Plattenbauten ein, die Schiffe im Hafen, die »Maske der Trauer« – ein fünfzehn Meter hohes Monument, gewidmet den ehemaligen Häftlingen der Lager der Region. Auf dem Berghang, wo es steht, befand sich zu Stalinzeiten die »Transitka« – jene Durchgangstation, an der die Gefangenen auf die Lager verteilt wurden.

Magadan entstand 1929 als Zwangsarbeitslager für Gulag-Häftlinge, später wurde die Stadt zum Verwaltungszentrum der Region. Nachdem das Repressionssystem Ende der fünfziger Jahre abgeschafft wurde, blieb Magadan ein wichtiger Militärposten und ein Zentrum für Goldabbau und Fischerei. Bis zur Perestroika wohnten hier 150.000 Menschen, heute sind es weniger als 100.000.

Verlassene, hohläugige Gebäude krallen sich an dem kalten Grund fest. Hier und da sind Trümmer der Sowjet-Ära verstreut: Ein leerstehendes Gebäude mit einem riesigen Lenin-Mosaik krümelt wie eine Sandburg, Schiffe rosten im Hafen.

»Festland« nennen Magadanzi den Rest Russlands. Die Stadt liegt zwar auf dem asiatischen Kontinent, doch wer nach Magadan kommt, reist meistens mit dem Schiff oder Flugzeug an. Die einzige Straße, die Magadan mit dem Rest Russlands verbindet, ist eine kaputte Straße nach Jakutsk. Einen Bahnhof gibt es hier nicht. Magadan scheint tatsächlich wie eine Insel, im Westen abgeschnitten vom grünen Ozean der Taiga, im Osten vom Ochotskischen Meer.

Nicht alles ist trostlos. Die Innenstadt kann man fast hübsch nennen, Rosenblüten von Wochenend-Hochzeiten wehen durch die Straßen. Für Rohstoffunternehmen ist die Gegend um Magadan wortwörtlich eine Goldgrube. Die Löhne, aber auch die Preise sind höher als im restlichen Russland. Wer hiergeblieben ist, richtet sich ein: Am Strand haben Jugendliche Volleyballnetze gespannt und grillen Schaschlik, Pärchen spazieren händchenhaltend – wo Menschen sind, wird geliebt und gestritten, getanzt und geweint. Das ist selbst in Magadan nicht anders.

»Auch in der Hölle gab es Menschen.«

Iwan Panikarow, 68, Klempner, Schweißer, Journalist, Sammler

Alles begann mit einem Knochenhaufen. Sommerregen hatte einen Teil eines Skeletts freigewaschen, und Iwan Panikarow, damals Achtklässler in Rostow am Don, organisierte ein paar Freunde mit Spaten, um den Rest auszuheben. Wer der Tote war, weiß er bis heute nicht. Aber in seinem Kopf blieb die Faszination für Menschen, die nirgends leben als in der Erinnerung.

35 Jahre später, und über 10.000 Kilometer von seiner Heimatstadt entfernt, mündete diese Faszination in dem Museum zum Gedenken der Strafgefangenen von Kolyma.

Ein Sammler war Panikarow schon in seiner Jugend und etwas darüber hinaus: Münzen, Medaillen, Schnapsetiketten, Abzeichen, Ausweise, Sprichwörter, Anekdoten. In der Kolyma, jener historischen Gegend, die nun größtenteils im Gebiet der heutigen Verwaltungsregion Magadan liegt, landete er eher zufällig: »Ich war 25, dumm und hitzig, habe mich mit der ersten Schwiegermutter verkracht und mit Kumpels besoffen.« Hochgeschaukelt vom Hochprozentigen, beschlossen die jungen Männer, die Schwiegermütter und alle Alltagsprobleme zum Teufel zu schicken. Und weil das nicht ging, gingen sie selbst zum Teufel. Im Rausch schrieben sie Anträge, nach Magadan versetzt zu wer-

den, das man damals den »Vorhof zur Hölle« nannte.

Bis Ende der fünfziger Jahre noch war der Großteil der Menschen, die hier ankamen, Strafgefangene: Mörder, Diebe, Oppositionelle, Menschen, die einen Stalinwitz gerissen oder einen Eimer Kartoffeln geklaut hatten. Über zwei Dutzend Arbeitslager gab es in der Kolyma. Sie waren ein Teil des Gulags – des stalinistischen Systems aus Arbeitslagern, Gefängnissen und Verbannungsorten.

Die Angaben darüber, wie viele Menschen hier interniert waren und wie viele davon starben, schwanken stark. Anne Applebaum, Autorin des mit dem Pulitzer-Preis prämierten Buches *Gulag: Eine Geschichte*, schätzt, dass mindestens 18 Millionen Menschen durch das Strafgefangenensystem gegangen sind. *ZEIT Online* gibt an, dass eine knappe Million Häftlinge in den Lagern der Kolyma gefangen gehalten wurden. Mindestens 130.000 davon hätten nicht überlebt. Die Arbeitslager der Kolyma galten als die härtesten: In einer Gegend, die bis dato vollkommen unbesiedelt war, gruben die Gefangenen nach Gold und anderen Erdschätzen, oder fällten Bäume – im Winter bei Temperaturen unter 30 Grad minus.

Als der Alkoholrausch verklungen und der Versetzungsantrag bewilligt war, war Panikarow der Einzige der Freundestruppe, der sich freute. Die Lager waren zwar längst geschlossen worden. Doch die Bedingungen in Magadan waren so hart, dass trotz der hohen Löhne kaum jemand dorthin wollte. Panikarow bekam Arbeit als Klempner und Schweißer in den Goldfeldern nahe Jagodnoje, 500 Kilometer von Magadan entfernt. Dort lernte er einen der ehemaligen Gefangenen kennen. Er schrieb deren Lager-Odyssee auf, dann die von deren Freunden und Freundesfreunden, und wollte weitermachen. Außerdem hatte Panikarow Glück bei einer anderen Goldsuche: Er lernte seine zweite Frau kennen, »einen wahren Goldklumpen«, die seine Leidenschaft unterstützte.

1993 druckte die Lokalzeitung im Zuge der Glasnost eine Liste von rehabilitierten Lagerinsassen. Panikarow forschte nach ihren Adressen, schrieb sie an. Er ließ in heimischen und ausländischen Zeitungen Appelle an Insassen und ihre Verwandten drucken. Bald landeten

täglich zehn Briefe in seiner 19-Quadratmeter-Wohnung, die er mit seiner neuen Frau und zwei Kindern teilte und mit Objekten, die er in den ehemaligen Lagern gefunden hatte: etwa einen Teekessel aus Konservendosen oder eine alte Uniform.

Heute hat er Material über 30.000 Personen im Archiv, hat 15 Bücher herausgebracht. Anfang der neunziger Jahre hat die »goldene Frau« aus gemeinsamen Ersparnissen eine Zweizimmerwohnung in Jagodnoje gekauft, die er in ein Museum verwandelte.

Der Eintritt ist frei. Zwischen 200 und 300 Menschen kommen im Jahr, etwa ein Zehntel davon sind Ausländer, die meisten Deutsche und Franzosen. »Für einen Ort mit 3.000 Einwohnern ist das viel«, sagt Panikarow. Journalisten, vor allem ausländische, mag er nicht besonders: »Viele kommen auf der Suche nach grausamen Details.«

Panikarow will nicht, dass diese Arbeitslager als Massenvernichtungsstätten verstanden werden, als »Auschwitz ohne Ofen«. »Ja, es war unmenschlich, was dort passierte. Ja, es war grausam. Aber man wollte die Menschen nicht ausrotten, man wollte die Wildnis erobern.« Nach Panikarow standen ökonomische Überlegungen hinter den Gulags. Die Arbeitslager »halfen«, die Bevölkerung einzuschüchtern und Oppositionelle verschwinden zu lassen. Aber vor allen Dingen ging es um die Besiedlung einer »extremen Gegend«, um kostenlose Arbeitskräfte für eine Region, die damals eine der wichtigsten Schatztruhen der Welt war.

»Die menschlichen Gefühle sind von uns gegangen: Liebe, Freundschaft, Neid, Menschenliebe, Gnade«, schrieb der Schriftsteller Warlam Schalamow, der über 13 Jahre lang in verschiedenen Kolyma-Lagern saß. Panikarow stimmt dem nur bedingt zu: »Ja, es war die Hölle – aber auch in der Hölle gab es Menschen«, sagt er. Und deren Geschichten möchte er aufschreiben: »Die Gefangenen fühlten und hassten und liebten. Sie kümmerten sich umeinander, teilten ihre Rationen und weinten, spielten Karten und wanderten zwanzig Kilometer durch die nächtliche Taiga, um sich mit den Insassinnen des Frauenlagers zu treffen.« Sein Museum soll den »Sieg der Menschlichkeit« zeigen, weniger die grausamen Details.

»Die Maske der Trauer«, ein Mahnmal von Ernst Neiswestny zur Erinnerung an die stalinistischen Säuberungen (links); Blick auf den Fischmarkt in Magadan

Moskau

Panoramablick auf Moskau von der
Aussichtsplattform der Sperlingsberge

Einwohner: 11,5 Millionen

Text: Jessica Schober
Fotos: Evgeny Makarov

Moskau ist Metropole und Moloch. Manchmal ist die Stadt so hungrig, dass sie einen zu verschlingen droht. Mit rund zwölf Millionen Einwohnern ist Moskau nicht nur die Hauptstadt Russlands, sondern auch die größte Stadt in Europa. Hier trifft sich die politische, wirtschaftliche und kulturelle Elite des Landes. Doch genauso zieht sich hier der Verkehr zusammen. Stau gehört zum Moskauer Stadtgespräch wie die Piroggenverkäufer in den Metro-Stationen. Überhaupt: Die Moskauer Metro ist ein Gesamtkunstwerk. Jede Station gilt es neu zu entdecken, zwischen barocken Lüstern oder geometrischen Mosaiken lassen sich Moskowiter Lebensweisen studieren.

Die Touristen tummeln sich zwischen Rotem Platz und Arbat (im historischen Zentrum von Moskau). Frisch herausgeputzt haben sich das Bolschoi-Theater und die Christ-Erlöser-Kathedrale. Allein innerhalb des Stadtgebiets gibt es über 600 Kirchen. Im Osten der Stadt wachsen die Wolkenkratzer der Moskwa City aus dem Boden, auch im Zentrum muss man die ruhigen Ecken suchen. Und doch gibt es sie, aller Dynamik und Beschleunigung zum Trotz: die Hinterhofcafés, wohlversteckt hinter schweren Metalltüren. Kulturareale wie die ehemalige Schokoladenfabrik *Roter Oktober* oder die einstige Weinkelterei *Winsawod*. Hier wird Moskau zum Treffpunkt für Ideengeber und Visionäre. Und wer Abstand braucht, fährt zur Lomonossow-Universität und lässt den Blick von den Sperlingsbergen aus über die Stadt wandern. Dort bekommt man eine Ahnung von den Auswüchsen Moskaus. Und versteht, warum die Stadt zum Anlaufpunkt für Menschen aus allen Winkeln und Ritzen Russlands ist: Es ist ein Ort für Menschen, die hungrig sind.

Eine Frau, drei Kulturen

Tszyi Van, 31, Übersetzerin

Sie ist in drei Kulturen zu Hause, aber verliebt ist sie nur in Moskau: Die gebürtige Pekingerin Tszyi Van lotst Manager um kulturelle Fettnäpfchen herum und hat in Russland ihre zweite Heimat gefunden.

Dass Tszyi Van in Moskau gelandet ist, verdankt sie einem Zufall. Eigentlich wollte die Pekingerin gerne in Deutschland leben, doch diese Pläne machte ihr Vater zunichte. Sie habe ja noch eine Schwester, Europa sei zu teuer, sie solle lieber nach Russland gehen, da habe er Bekannte. Na gut, dachte Van sich damals, als sie zum Studium der Internationalen Beziehungen nach Moskau ging. Sie ahnte nicht, dass die Worte ihres Vaters zum Glücksfall werden sollten.

Heute lebt die 31-Jährige mit ihrem deutsch-russischen Ehemann in der Millionenstadt. Letztes Jahr hat sie die russische Staatsbürgerschaft bekommen, ihr Russisch ist fließend. Zwei, drei Mal im Jahr fährt sie nach China, damit ihr Sohn das Land kennenlernen kann. Der Kleine wächst als Russland-Chinese auf und soll bald einen deutschen Kindergarten besuchen. Dass er in so einer kosmopolitischen Familie groß wird, hat er vor allem dem Interesse seiner Mutter für andere Kulturen zu verdanken.

»Als ich hierherkam, habe ich lauter Fremde getroffen, die mir sehr geholfen haben«, erzählt Van. Es war vor zehn Jahren an Silvester, und in Moskau war es bitterkalt. Die junge Studentin Tszyi war gerade hergezogen, sie hatte aus China eine Pflanze mitgebracht, eine Drachenzunge, die dringend Erde benötigte. Sie fand keine und erzählte ihren neuen Nachbarn davon. Die gingen sogleich mit heißem

Wasser in den Hof, schmolzen den Schnee und brachten ihr am nächsten Tag aufgetaute Erde. Einfach so. »Ich habe mich sofort wie diese Pflanze gefühlt, die warme Erde bekommen hat.«

Seitdem arbeitet Van nun als Übersetzerin in der Stadt. Sie unterrichtet Sprache und Kultur ihres Heimatlandes an der Universität der Völkerfreundschaft. In ihrer Dissertation beschäftigte sie sich damit, was Russen von Chinesen über wirtschaftliche Freihandelszonen lernen können. Außerdem gibt sie Seminare über interkulturelle Verständigung. »Viele russische Geschäftsleute wundern sich zum Beispiel, warum Chinesen Abmachungen im Gespräch so oft wiederholen. Ich erkläre ihnen dann, dass es daran liegt, dass der Chinese es gerne schriftlich hätte. In Russland gibt es tatsächlich noch den mündlichen Vertrag, da werden Dinge per Handschlag besiegelt.«

Um in Russland Geschäfte zu machen, brauche man viel Vertrauen, das ist eine ihrer Lektionen. »Die Russen sagen, man kann auch Sand in der Wüste verkaufen – wenn man es richtig anstellt«, erzählt Van lachend. Wer investieren wolle, müsse die Region und die Branche sehr gut kennen. Und einen Türöffner finden. »Wenn man an die falschen Leute gerät, kann das ein sehr langwieriger Prozess werden.«

Dass Vertrauen hilft, hat Van auch persönlich erfahren. Einmal lief ein Fremder in der Moskauer U-Bahn hinter ihr her. Sie spürte die Nähe, verdoppelte die Schrittfrequenz. Der Fremde tat es ihr gleich, Van fing an zu rennen. Mit rasendem Herzen bemerkte sie, dass der Verfolger ihr auf den Versen blieb. Atemlos vor Angst hielt sie an. Der Fremde hinter ihr keuchte auch. »Warum rennen Sie mir hinterher?«, rief sie. »Entschuldigen Sie bitte, aber Ihr Schnürsenkel ist offen«, antwortete er.

Für Van ist mit ihrem Moskauer Leben ein Traum in Erfüllung gegangen. Schon in ihrem chinesischen Kinderzimmer hatte sie einen Kalender mit Moskauer Sehenswürdigkeiten. Sie staunte über die bunten Türme der Basilius-Kathedrale, »sie sahen aus wie aus Eiscreme«.

Sie wusste: Irgendwann würde sie sie mit eigenen Augen sehen. Sie begreift Russland als Brücke zwischen Ost und West, ganz wie der zweiköpfige Adler im Staatswappen. »Ein Adlerkopf zeigt nach Westen, einer nach Osten. Das finde ich spannend, wie sich hier alles vermischt«, sagt Van, »Russland schaut eben in beide Richtungen.«

Nach Deutschland ist Van dann übrigens später doch noch gegangen, für ein paar Monate hat sie in Stuttgart studiert. Auf die Rückkehr aber hat sie sich da schon gefreut. Heute nennt sie Russland ihre »zweite Heimat« und sagt: »Es gibt hier viel mehr Möglichkeiten für mich als in Europa. In Russland gibt es verschiedene Wege, um ans Ziel zu kommen, es passiert viel Unerwartetes.«

Tszyi Van vor der Lomonossow-Universität (links); Roter Platz und Basilius-Kathedrale

Nachts im Museum

Leonid Agron, 25, Direktor des Jüdischen Museums

Er ist erst 25 Jahre alt und schon Direktor des derzeit größten jüdischen Museums in Europa. Leonid Agron versucht einen modernen Zugang zum Judentum und zur russischen Geschichte aufzuzeigen. Dass sein Haus etwas Besonderes ist, sieht man schon an den Öffnungszeiten: Unser Gespräch findet abends um halb zehn statt, die letzten Besucher huschen noch durch die Gänge.

Herr Agron, wie kommt's, dass wir hier so spät am Abend sitzen können?
Dies ist kein staatliches Museum, und deshalb können wir tun und lassen, was wir wollen. Zum Beispiel die Öffnungszeiten verlängern. Die meisten Leute in Moskau arbeiten ja unter der Woche bis 19 oder 20 Uhr. Deshalb hat unser Museum wochentags bis 22 Uhr geöffnet. Auch inhaltlich wollen wir neue Wege gehen. In den Vorlesungen hier geht es auch manchmal um Themen wie Judentum und Jazz in Amerika oder um Moderne Kunst.

Was ist das Besondere am Jüdischen Museum Moskaus?
Wir haben hier auf rund 8.000 Quadratmetern Ausstellungsfläche viele interaktive Tafeln und Displays. Es ist das modernste Museum in ganz Russland, in dieser Größenordnung wurde ein solches Konzept bisher nicht umgesetzt. Die Ideen für die Touchscreens, Monitore und 3D-Projektionen kamen vor allem aus den USA. Der russische Kulturminister hat deshalb zuletzt 70 Museumsdirektoren aus dem ganzen Land eingeladen, um sich die Präsentation anzuschauen.

Und was sieht man auf den vielen Displays?
Wir verknüpfen die Geschichte Russlands mit der jüdischen Geschichte. Wenn man sich die einzelnen Ausstellungsräume ansieht, dann erkennt man diese Verbindung. In unserem Kinosaal kann man einen Film sehen, der zeigt, wie die Welt entstanden ist. In der Mitte des Museums gibt es dann das Schtetl, den Nachbau eines jüdischen Dorfes, wie es in Osteuropa üblich war. Man kann nachvollziehen, wie das jüdische Volk durch Europa, durch Russland und durch die Welt gewandert ist.

Was ist Ihr Lieblingsort im Museum?
Das Haus wurde 1926 als riesiger Busbahnhof erbaut, 128 Busse passten hier rein. Das Dach wurde einst von Wladimir Schuchow konstruiert, einem berühmten russischen Architekten, der es geschafft hat, nur ganz wenige Säulen als Dachträger einzusetzen. Ich mag zum Beispiel die Modellwohnung, die wir so eingerichtet haben, wie es in den siebziger Jahren üblich war. Auf Bildschirmen kann man dort Menschen sehen, die darüber diskutieren, ob sie nach Israel auswandern sollen, sie warten auf ihre Einreiseerlaubnis und überlegen hin und her. Mir gefällt diese Kombination aus historischer Einrichtung und moderner Projektion.

Was gibt es hier noch zu sehen?
Im zweiten Raum der Ausstellungshalle geht es um die Zeit der Revolution. Man sieht die berühmtesten Maler und Architekten aus der Zeit des Konstruktivismus. Der Avantgardist El Lissitzky zum Beispiel war ein bekannter sowjetischer Künstler und Jude. In der Haupthalle, in der es um den Zweiten Weltkrieg geht, sieht man die Namen jüdischer und russischer Veteranen. Die Halle unterteilt das Museum auch räumlich in die Zeit vor und nach dem Zweiten Weltkrieg. Das ist der große Bruch, sowohl für die Sowjetunion, für Russland, als auch natürlich für die Juden mit der Tragödie des Holocaust.

Wie steht es heute um den Antisemitismus in Russland?

Leonid Agron im Jüdischen Museum

Ich habe in meinem Leben schon viele antisemitische Vorfälle erlebt. Aber für mich ist heute in Moskau nicht Antisemitismus eines der wichtigsten Themen, über die man diskutieren müsste. Es gibt sicherlich mehr Probleme mit Rassismus gegenüber Einwanderern aus dem Kaukasus.

Lebt das Judentum in Russland gerade wieder auf?

Ja, das kann man schon sagen. Synagogen, jüdische Kindergärten, Religionsunterricht, all diese Aspekte des jüdischen Lebens kommen langsam wieder. Aber insgesamt ist die Zahl der Juden hier recht gering. Heute leben 100.000 Juden in Moskau, viele Juden sind aus Israel oder aus den USA zurück nach Russland gekommen. In Moskau gibt es jetzt kleine jüdische Communities, zum Beispiel in Marina Roscha oder in Kitai Gorod.

Einwohner: 1,25 Millionen
Entfernung zu Moskau: 423 km

Text: Jessica Schober
Fotos: Evgeny Makarov

Wo sich zwei Flüsse treffen, treffen sich häufig auch Menschen. Und bauen eine Stadt. So war das auch in Nischni Nowgorod. Die Millionenmetropole, die einst den Namen »Gorki« trug, schmiegt sich an die Stelle, wo Oka und Wolga sich begegnen. Vom Kreml aus, der zentralen Befestigungsanlage aus dem 16. Jahrhundert, lässt sich das Zusammentreffen der Wassermassen gut beobachten. Wer die 560 Stufen der Tschkalow-Treppe zum hohen Wolgaufer hinaufsteigt, kann sich den Wind an der Promenade um die Nase wehen lassen. Das Klackern der Absätze vermischt sich mit dem Tuckern der Transportschiffe.

Innerhalb der roten Kremlmauern herrscht heute die Ferienidylle des Sommers. Die Panzer und Artilleriegeschosse, die hier ausgestellt werden, verlieren ihren kriegskalten Schrecken, wenn sie von lachenden Kindern beturnt und mit Eis bekleckert werden. Bekannt ist Nischni Nowgorod auch für seine Autoindustrie. Manche Einwohner nennen den Ort, an dem die Automarke GAZ produziert wird, noch heute »russisches Detroit«. Wer aus der Stadt flüchten will, nimmt am besten die Seilbahn in die Kleinstadt Bor. Nahezu lautlos schweben die Gondeln über die Uferlandschaft.

Blick auf die Stadt

Nischni Nowgorod

Die Kunst des Tee-Einschenkens

Michail Bulgakow, 26, Kellner

Er hat den Namen eines großen Meisters der russischen Literatur und die Manieren längst vergangener Zeiten: Michail Bulgakow ist Kellner in einem der feinsten Restaurants von Nischni Nowgorod. Er hat dort nicht nur gelernt, sich auf jeden seiner Gäste einzulassen, sondern auch, was es heißt zu dienen.

Wenn Michail Bulgakow sich setzt, um von seiner Arbeit zu erzählen, dann faltet er die Hände zusammen wie eine Serviette. Sorgfältig legt der blonde Mann die schmalen Finger ineinander. Eben noch haben diese Finger unauffällig Tee eingeschenkt. Bulgakow beherrscht die Kunst, sich unsichtbar zu machen und gleichzeitig sehr präsent zu sein.

Sein Arbeitsplatz ist das Restaurant Vitalich, ein russisches Spezialitätenlokal mitten in der Fußgängerzone, in der Bolschaja Pokrowskaja Uliza, die zu den ältesten Straßen der Stadt gehört. Dort hat der 26-Jährige gelernt, wie man die Gabel richtig auf den Tisch legt. Und das war nur eines der Dinge, von denen er keine Ahnung hatte, als er als 17-jähriger Student hier anfing. »Ein Kellner ist wie ein Psychologe«, sagt Bulgakow. »Er muss sich immer ganz auf den Gast einstellen, egal ob es ein Polizist, ein General oder ein Künstler ist.«

Es gibt eine Weisheit, die Bulgakow von seinen erfahrenen Kollegen gelernt hat. Sie ist schlicht und gilt für alle Mitarbeiter: »Vergraul den Gast nicht.« Die Stammkunden sind im Vitalich sehr wichtig, nur zehn Prozent der Gäste sind Laufkundschaft. Also flitzen die Kellner und erfüllen Sonderwünsche. Bulgakow hat einen Zutatenzettel in der Westentasche, die Tagesgerichte stets griffbereit. Manchmal muss er altrussische Kostüme zum Kellnern anziehen. »Und wenn wir auf Löffeln spielen sollen, dann spielen wir auf Löffeln.«

Nach Feierabend taucht Bulgakow wieder ab in seine Welt. Früher hat er mal Autos lackiert und Public Relations studiert. Das lässt er heute alles ruhen. Er wohnt etwas außerhalb von Nischni Nowgorod, nicht in der besten Gegend. Doch das Gute daran ist, dass er mit den Freunden vor der Haustür grillen kann. Schaschlik im Winter. Zu seinem Geburtstag gab es große Flaschen selbstgebrannten Wodka, eimerweise Pelmeni, und alle wurden satt. Aber auch zu Hause ist es ihm inzwischen wichtig, welches Gedeck auf dem Tisch liegt – auch wenn die Freunde sich gern allein ihr Bier aus dem Kühlschrank holen dürfen. Die Weingläser hingegen müssten schon gut poliert sein. Das mache halt einen Unterschied.

Doch zurück ins Vitalich, wo die vielen kleinen Unterschiede genau registriert werden. Das Restaurant beschreibt sich als eines der drei besten der Stadt. Vor dem cremefarbenen klassizistischen Gebäude hängen schmiedeeiserne Balkone. Bulgakows Livree ist eine feingemusterte Satinweste, dazu trägt er eine Krawatte mit einem Strassstein. Dabei geht es hier manchmal auch robust zu. Ein Bärenfell mit Kopf hängt an der Wand, in einem Nebenzimmer grüßen Äxte, rustikale Balken, grobgewebte Teppiche den Gast. Bulgakows Chef hat selbst als Kellner angefangen, er ist ein großer, kräftiger Kerl, jagt und fischt und bringt das Wild frisch in die Küche.

Was Gastfreundschaft in Russland bedeute? »Der Tisch muss immer gedeckt sein«, sagt Bulgakow. Ihm ist aufgefallen: Im Vitalich blättern viele Gäste gar nicht so gern in der Speisekarte, sie bestellen lieber die Klassiker der russischen Küche: Die Rote-Bete-Suppe Borschtsch, die Pfannkuchen Bliny, die Kohlsuppe Schtschi, Salat Olivje oder Ucha, die Fischsuppe. Und wenn der Kellner dann fragt, was es zu trinken sein darf, gibt es nur eine Antwort: Wodka. Und als letzte Frage, Herr Bulgakow – wenn Russland, nun ja, ein Gericht wäre? »Dann wäre es wohl eine kalte Platte«, sagt Bulgakow, »eine wilde Mischung aus Fleisch und Gemüse.«

Michail Bulgakow im Vitalich

Hochhäuser in Nowosibirsk

Nowosibirsk

Einwohner: 1,5 Millionen
Entfernung zu Moskau: 3.349 km

Text: Wlada Kolosowa
Fotos: Olga Matweewa

»Nowosibirsk ist das Los Angeles Sibiriens«, sagt der Taxifahrer, der uns vom Bahnhof abholt. Ein Los Angeles ohne Ozean, ohne kalifornische Sonne, ohne Stars und ohne Glamour, dafür mit einem Minus vor den Winterdurchschnittstemperaturen? Statt Villen ziehen am Taxifenster Hochhausbauten aus Beton vorbei; Tannen und Birken statt Palmen. Eigentlich erinnern, an Los Angeles nur die Geschäftigkeit und das Durcheinander. Beide Städte sind in Rekordzeiten gewuchert: Ein verschlafenes Dorf namens Nowonikolaewsk wuchs zu einer Millionenstadt, nachdem dort 1893 eine Brücke für die Transsibirische Eisenbahn gebaut wurde. Ein weiterer Boom kam während des Zweiten Weltkriegs, als die Industrie hierherverlegt wurde. Heute ist Nowosibirsk die drittgrößte Stadt Russlands.

Nach vier Tagen in der Stadt findet man mehr Ähnlichkeiten mit L. A.: Es gibt einen (Fluss-)Strand direkt in der Stadt, ein paar gute Clubs und sogar eine Art Meer: das »Ob-Meer« – ein riesiger Wasserspeicher, der mit zusammengekniffenen Augen als Ozean durchgehen könnte.

»Also, die Strände sind wirklich wie in L. A.«, sage ich, als derselbe Taxifahrer uns am letzten Tag wieder zum Bahnhof fährt. »Oh! Pardon!«, sagt er. »Ich habe mich neulich vertan. Eigentlich habe ich gemeint, das Chicago Sibiriens.«

Sommer, Sonne, Sibirien

Nikolai Alekseew, 23, Rettungsschwimmer

In der Strandhierarchie steht Nikolai Alekseew ganz oben. Höher als die Bikinischönheiten. Höher als die Muskelpakete, die diese mit Klimmzügen beeindrucken. Höher sogar als der Eisverkäufer. Nikolai Alekseew steht drei Meter über allen und hat sie fest im Blick. Die Damen, die paniert in Sand und Bräunungsöl zu nah am Sonnenstich braten; die Kinder, die zu nah an der Wasserkante raufen; die testosterongeladene Männertruppe, die an der Boje ihre Männlichkeit unter Beweis stellt.

Nikolai Alekseew hat ein weißbezahntes Lächeln und Tiefenbräune. Er hat schlaue Augen, so blau wie das Wasser aus den TUI-Prospekten, in denen sein Arbeitsort garantiert nicht vorkommt. Alekseew arbeitet im Strandbad von Nowosibirsk. »Kaum einer weiß, dass es hier im Sommer plus 40 Grad heiß sein kann«, sagt er. »Kalifornien geht baden!«

Von Ende Mai bis Anfang September ist Alekseew Bademeister. Es ist seine vierte Saison. Mit 15 zog er aus einem sibirischen 3.000-Seelen-Dorf nach Nowosibirsk, um Koch zu werden. Mit 18 machte er die Ausbildung zum Rettungsschwimmer. Die Prüfungen waren kein Problem: »Als Kinder haben wir im Dorf den

ganzen Tag nichts anderes gemacht als gebadet.« Mit zwölf rettete er das Leben seines besten Freundes, der unbedingt an einer gefährlichen Stelle schwimmen wollte. Seitdem nimmt sich Alekseew vor dem Wasser in Acht. In diesem Jahr hat er nur einmal gebadet. Und das auch nicht freiwillig – er musste einen Übermütigen aus dem Wasser ziehen. »Ich habe keine Angst vor Wasser, aber Respekt«, sagt Alekseew. Er habe schon mehrmals gesehen, wie Ertrunkene aus dem Wasser gezogen wurden.

»Man denkt, Bademeister haben nichts anderes zu tun, als den ganzen Tag Busen durch Ferngläser zu betrachten«, sagt er. »Aber es ist eine ständige Anspannung.« In dem Bademeisterhäuschen, in dem er zusammen mit dem anderen Bademeister wohnt, hängt ein Dankesbrief des Bürgermeisters an der Wand. »Ich mag Verantwortung«, sagt er. Und hier, am sandigen Flussufer zwischen zwei Brücken, ist sein Reich. Häufig schreitet er es mit diesem Bademeisterschritt ab, der wohl international ist: Brust raus, Bauch rein, Schulterblätter zusammengedrückt. Er hat auch die internationalen Bademeistersprüche drauf: Prävention ist erste Hilfe. Lieber Vorsicht als Nachsicht. Wer sich hütet, den hütet der liebe Gott.

Um 21 Uhr, wenn das Strandbad schließt, klettert Alekseew von seinem Rettungsturm und übergießt seine Yum-Yum-Fertignudeln mit kochendem Wasser. Alekseew spart Geld: Wenn die Saison vorbei ist, muss er aus dem Bademeister-Häuschen ausziehen. Zum ersten Mal will er getrennt von seinen Eltern wohnen – und will sich ein Polster ansparen, für den Fall, dass es mit seinem Winterjob als Koch nicht so gut läuft.

Aber noch ist es Juli, Hitze und Pappelflaum liegen in der Luft. »Wir haben einen richtigen Sommer: mit Schaschlik, kaltem Bier und Strand«, erzählt Alekseew. Es gab natürlich Monate, in denen er wochenlang die Jacke nicht ausgezogen hat und es immer pünktlich dann angefangen hat zu regnen, wenn er sich im Supermarkt mit Eis und Grillfleisch eingedeckt hatte. »Aber das ist doch immer so: Überall, wo es Jahreszeiten gibt, werden Menschen von dem Gefühl verfolgt, aus dem Sommer nicht das Beste zu machen.«

Irgendwann würde er gern ein echtes Meer sehen, oder sogar einen echten Ozean. Aus Sibirien ist er bisher kaum herausgekommen. Aber an Tagen wie diesem macht ihm das nicht viel aus. »Wir haben alles hier: Flüsse, Wälder, atemberaubende Natur. Nur die Touristen fehlen noch.« Aber ansonsten sei er hier ziemlich glücklich. »Mit deiner Heimatstadt ist es wie mit den Eltern: Du fragst nicht, warum du sie liebst. Du liebst sie einfach.«

Nikolai Alekseew an seinem Arbeitsplatz, dem Strand von Nowosibirsk

Nymphe und Möbelpacker

Anna Odinzowa, 33, Ballerina

So einen starken Händedruck hätte man eher von einem Boxer erwartet als von dieser Nymphe. Anna Odinzowa scheint zerbrechlich, hätte aber genug Kraft, um mein Handgelenk splittern zu lassen. Der zierliche Körper unter dem leichten Sommerkleid besteht aus Muskeln, Hornhaut und blauen Flecken. »Ballerinen sind Nymphen und Kraftsportler zugleich«, sagt Odinzowa. Sie hat ein feines Gesicht mit markanten Gesichtszügen, als sei jeder einzelne mit spitzem Bleistift gezeichnet worden. Das Bühnen-Make-up ist bereits aufgelegt, die Haare aber noch offen. In zwei Stunden wird Odinzowa »Giselle« sein – ein schüchternes Bauernmädchen, das an einem gebrochenen Herzen stirbt und als Zauberwesen weitertanzt.

Seit 1998 ist Odinzowa Solistin am Nowosibirsker Opern- und Balletttheater. Angefangen zu tanzen hat sie mit acht. »Spät«, sagt sie. »Viel zu spät. Die meisten in meiner Gruppe waren schon mit vier dabei.« Mit zehn wechselte sie auf eine spezielle Ballettschule in Nowosibirsk, wohnte im Internat, weil der Schulweg zu weit gewesen wäre. Der Unterricht begann um acht: zwei Stunden klassischer Tanz, dann Schulunterricht bis drei, danach Proben, Einzelunterricht, Aufführungen. »Ich war so müde, dass ich auf allen Familienfesten geschlafen habe.«

Hart fand sie ihre Kindheit aber nie, erzählt Odinzowa – als Kind stelle man sein Leben ja nie in Frage. »Man hat uns die Beine verdreht und dabei die Haut mit Fingernägeln durchstochen – aber ich war mir sicher, ich hatte das beste Leben der Welt.« Nirgends habe sie so viel fürs Leben gelernt wie in den Trainingsräumen: »Bei einer meiner Lehrerinnen gab es eine Hierarchie: Die Besten vorne am Barren, die Schlechtesten hinten. Einmal hat sie mich von der Mitte an den seitlichen Barren verbannt – noch hinter den Hintersten. Noch nie hat mich etwas im Leben so verletzt und so angespornt.«

Viele ihrer Mitschülerinnen von der Ballettschule sind damals gegangen: weil der Körper nach der Pubertät zu rundlich wurde, weil sie sich verliebten, weil sie den Druck nicht aushielten. Gehätschelt wurden die Schülerinnen nicht. »Zu Recht«, sagt Odinzowa. »Kinder darf man nicht verhätscheln – die Strenge ist ein gutes Gegengewicht.« Ihren eigenen Sohn verwöhnt sie natürlich manchmal schon. Der ist zehn und bald höher als sie selbst.

Odinzowa ist stolz darauf, gleichzeitig Mutter und Ballerina sein zu können – außer ihr gibt es am Theater nur zwei Solistinnen, die das geschafft haben. Ohne Unterstützung wäre es aber kaum möglich: »Mein Mann ist die beste Nanny der Welt«, sagt sie. »Während der Tourneen kann ich unseren Sohn für einen Monat bei ihm lassen.« Aber wenn sie Aufführungen absagen musste, weil das Kind krank war, oder wenn die Oma an ihrer Stelle mit ihm ins Krankenhaus musste, weil sie auf der Bühne stand, hat sie schon an ihrem Doppelleben gezweifelt. Fünfzehn Jahre als Solistin, das be-

deutet zwar Tausende Blumensträuße, Hunderte Stunden Applaus, aber es bedeutet auch: nur einen einzigen freien Tag pro Woche, am Montag, 42 Urlaubstage im Jahr und ein Leben, in dem man höchstens eine Woche im Voraus planen kann.

Wenn Odinzowa als Giselle schwerelos über die Bühne schwebt, ist es schwer zu glauben, dass sie Wäsche wäscht, zur Post geht, kocht, isst. Darüber kann sie nur lachen: »Weil wir beim Training so viel verbrennen, esse ich wie ein Mammut. Aber ich muss darauf achten, was: kein Brot, kein Kuchen. Man darf nie nachlassen. Ich habe schon Angst davor, was passiert, wenn ich mit dem Sport aufhöre.« Zwischen 33 und 38 gehen Ballerinen in Rente. Langsam macht sich Odinzowa Gedanken über das Leben danach. Im Umkleideraum, in der Maske und im Bus zum Theater paukt sie Studienunterlagen – Personalmanagement an einer Fern-Uni, viertes Semester. »Noch bin ich nicht reif für die Tanzrente«, sagt sie. »Das Leben ›da draußen‹ ängstigt mich. Oder sagen wir es so: Ich bin aufgeregt.«

»Tanz ist vor allen Dingen Disziplin«, sagt Odinzowa. »Ich bin auch im echten Leben so: Alles zur richtigen Zeit, alles in sein Regal.« Tanzen bedeutet: durchhalten. »Fieber ist gar nichts. Ich war auch schon mit gerissenen Bändern auf der Bühne.« Einmal hat ihr der Arzt gesagt, dass sie monatelang mit einem fehlenden Stück Knochen getanzt hat. Tanz bedeutet: physische Arbeit, in der man auf seinen Körper angewiesen ist.

Ist der Beruf des Tänzers eher dem eines Möbelpackers ähnlich oder dem eines Poeten? »Definitiv Möbelpacker. Aber pssst: Ich will nicht den Mythos zerstören, dass Ballerinen himmlische Wesen aus einer anderen Sphäre sind. Wenn ich auf der Bühne stehe, soll niemand daran denken, wie ich bügele und staubsauge und schwitze.«

Proben im Theater (links);
Anna Odinzowa in ihrer Künstlerkabine

»Die Männer vermissen richtige Küche.«

Ekaterina Iwanowa, Besitzerin eines Pelmeni-Restaurants

70 Millionen Pelmeni. Als Ekaterina Iwanowa die Zahl ausspricht, kann sie das selbst kaum glauben. Ob da eine Null zu viel ist? Aber nein, alles richtig. Seit 1993 führt Iwanowa ein Pelmeni-Restaurant, das täglich 80 bis 100 Kilogramm Pelmeni verkauft, also etwa 8.000 bis 10.000 Teigtaschen mit Fleischfüllung, für die Sibirien so berühmt ist.

20 Jahre – ein Rezept. Für die Füllung: Schweinefleisch, Rind, Zwiebeln, Pfeffer, Salz. Mehl und Salz für den Teig. Das war's. Oder, um genauer zu sein: 20 Jahre – kein Rezept. Wer, wie Iwanowa, auf dem Dorf groß geworden ist, braucht keine Anleitungen. Und dass sie mal ins kulinarische Business einsteigen würde, hatte sie sich nie vorgestellt.

Iwanowa – Jeans, weißes T-Shirt, die Haare locker zusammengebunden, die Fingernägel kurz – war wissenschaftliche Mitarbeiterin. Dann kam die Perestroika. Ihr Lohn reichte plötzlich kaum aus, um Brot zu kaufen, um Strom- und Wasserrechnung zu begleichen. Manche ihrer Freunde lebten ein Jahr lang von Buchweizen und Kartoffeln, weil sie sich nichts anderes leisten konnten, andere eröffneten Molekular-Restaurants. Ganz Russland häutete sich aus dem Kommunismus. Kleinunternehmen machten auf, machten zu, wuchsen oder gingen wegen Korruption oder mangelndem Geschäftssinn ein. Die Menschen, die vorher nichts Süßeres als Möhren gegessen hatten, gaben ihren gesamten Lohn für eine exotische Frucht aus. Pizza und tiefgefrorene Cordon bleu verdrängten Blini und Kotleti – traditionelle Pfannkuchen und Bouletten – vom Tisch. Das Land ertrank in Cola und Ramschklamotten aus Asien.

»Das war nicht schwer«, erzählt Iwanowa über die Eröffnung ihres Ladens. »Jeder machte irgendwas auf.« Meistens waren es Kioske voller Wrigley-Kaugummis und Restaurants mit der Haute Cuisine anderer Länder, die noch

vor wenigen Jahren so unerreichbar schien. Dass die Menschen ihr die Pelmeni aus den Händen rissen, hat Iwanowa überrascht. Die hat es schließlich früher an jeder Ecke in staatlichen Cafeterien gegeben, jede gute Hausfrau wusste, wie man sie macht. Aber die Leute standen schon um acht Schlange, um warme oder tiefgefrorene Pelmeni zu kaufen. »Vielleicht haben sie das Häusliche vermisst.« Fürs Kochen blieb keine Zeit, weil Frauen wie Männer damit beschäftigt waren, dem Raubtierkapitalismus ein Stück Leben aus den Klauen zu reißen.

Inzwischen ist internationale Küche in Nowosibirsk Normalität geworden: Sushi gibt es an jeder Ecke. Argentinische Restaurants, thailändische, sogar keltische listet das Restaurantverzeichnis der Stadt. Hier kann man jeden ausländischen Pelmeni-Bruder probieren: Die georgischen Chinkali, die chinesischen Wan Tan, die mongolischen Buuz. Unter den russischen Pelmeni gelten sibirische als die Könige. Hier in Sibirien wurden sie einfach in den Frost vor das Fenster gestellt und hielten dort gefroren einen Winter lang. Pelmeni können Delikatessen sein – gefüllt mit Lachs oder edlen Pilzen – oder Billigfraß für Studenten, aus dem Tiefkühlregal, etwa 1,50 Euro das Kilogramm.

»Der ganz große Ansturm ist vorbei«, sagt Iwanowa. Inzwischen haben sich ganze Fast-Food-Ketten auf russisches Essen spezialisiert. Und trotzdem: 15 Mitarbeiter sind immer noch bei ihr angestellt, drei von ihnen ausschließlich, um Pelmeni zu formen. Iwanowas Tochter Alesja, die schon mithalf, als sie winzig war, arbeitet hier in Vollzeit. Auch ihr zweijähriger Enkel krabbelt in der Küche herum und lutscht an einem Pelmen.

Als das Restaurant umziehen musste, kam die gesamte Stammkundschaft mit. Und es sind nicht nur die nostalgischen Perestroika-Verlierer. Es kommen die Hipster, wegen der Authentizität: Wo sonst kann man einen retrosowjetischen Lebersalat namens »Zärtlichkeit« bestellen? Es kommen die Bauarbeiter, weil der Wodka kaum mehr als einen Euro kostet und eine Portion Pelmeni zwei. Es kommen Familienväter, die Gazpacho und »leichte mediterrane Küche« satthaben. »Der Borschtsch ist sofort weg«, sagt Iwanowa. »Die Männer vermissen richtige Küche. Von so einem Salatblatt wird man doch nicht satt!«

Ekaterina Iwanowa und ihr Pelmeni-Restaurant

Omsk

Uliza Ljubinskaja

NAFNAF

Einwohner: 1,15 Millionen
Entfernung zu Moskau: 2.709 km

Text: Wlada Kolosowa
Fotos: Olga Matweewa

»Omsk ist ein widerliches Städtchen. Bäume gibt es kaum. Im Sommer Hitze und Sandwind, im Winter Schneesturm. Natur habe ich hier keine gesehen. Schmutziges Kaff, militärisch und lasterhaft.« Das sind Zeilen von Fjodor Dostojewski, der hier seine Haft absaß.

Wer heute Omsk besucht, wird ihm kaum zustimmen. Die Stadt ist groß und industriell, aber der Stadtkern wurde fast püppchenhaft herausgeputzt. Um die Uspensky-Kathedrale kreisen mehr Kinderwagen als Tauben. Fahrradfahrer flitzen durch die Innenstadt: Vielleicht zum Baden, vielleicht zum Zelten auf einer der vielen Inseln im Fluss Irtysch. An der Flusspromenade blühen Gräser und junge Lieben. Willkommende Lächeln blühen nicht ganz so schnell auf den Gesichtern der Einheimischen. Aber wenn man den Omitschi ein Lächeln lange genug in ihre Augen reibt, schmunzeln sie auch zurück. Oder laden gleich auf einen Tee ein. Sogar Dostojewski haben sie sein Urteil verziehen und ihm ein Museum errichtet.

»Hungern, aber Lidschatten von Chanel kaufen.«

Nelly Brjanzewa, alterslos, Friseurmeisterin

Der Blick aus dem Friseursalon »NB« ist atemberaubend: Aus der Fensterwand im fünften Stock kann man den Irtysch kilometerweit verfolgen. Der Blick in den Salon ist nicht minder spektakulär: Alle Mitarbeiterinnen sehen aus wie in einem Werbespot. Ob wir die Salonbesitzerin sprechen könnten, fragen wir eine der Elfen – vielleicht Auszubildende, vielleicht ein Model, das zum Spitzenschneiden vorbeischaut. »Die bin ich«, sagt sie.

Nelly, warum bist du Friseurin geworden?
Das war ein kurviger Weg. Zuerst habe ich Luftfahrt studiert, aber es war klar, dass mein Abschlusszeugnis Wandzierde bleiben würde.

Der Beruf lag mir einfach nicht. Stattdessen habe ich ein Jahr lang eine Friseurausbildung gemacht und in einem der größten Salons in Omsk gearbeitet. Bevor ich mich selbständig machte, habe ich viele Fortbildungen absolviert, unter anderem in London, und Friseurdesign an der Pädagogischen Universität in Jekaterinburg studiert. Inzwischen bin ich zwanzig Jahre im Beruf. Unterfordert bin ich nie: Ehrlich, manchmal ist ein Haarschnitt komplizierter, als ein Flugzeug zu bauen!

Zwanzig Jahre im Beruf! Bitte verzeihen Sie, dass ich Sie zu Anfang geduzt habe –
Du kannst mich ruhig duzen. Aber frag bloß nicht nach meinem Alter, sonst werde ich lügen müssen. Das ist und bleibt ein Geheimnis. Sogar für Nahestehende. Sogar für meinen Arzt. Sogar für mich selbst. Sagen wir es so: Meine Tochter ist 23.

Es heißt, eine Russin bleibt immer 18. Geburtstagskuchen von Frauen schmücken nie mehr als 18 Kerzen.
Jugend ist hier eine Ware. Eine, mit der eine

ganze Industrie Geld macht. Es gibt sogar besondere Haarfärbemittel für den russischen Markt. In Europa färbt man graue Haare so, dass sie gepflegt aussehen. Hier muss die Farbe jede Spur der Alterung übertönen – kein graues Härchen darf hervorblitzen. Ich sage meinen Kundinnen immer, dass Jugend nicht heißt, wie ein Mädchen auszusehen, sondern Vitalität und Gepflegtheit bedeutet. Wir müssen unsere Schönheitsstandards überdenken. Auch Silbersträhnen und Falten können schön sein. Aber ich denke auch: Botox – sollen sie doch machen. Wenn es die Frauen sich besser fühlen lässt und nicht lächerlich aussieht.

Was ist für dich Schönheit?
Schönheit ist im Menschen selbst. Das ist der Zustand der Seele, ein inneres Licht. Aber mein Beruf hilft auch, dieses Licht anzuknipsen. Kaum eine Frau geht ohne ein Lächeln aus dem Friseurladen. Ein gefärbter Ansatz lässt einen um zehn Jahre jünger fühlen.

Die russischen Frauen gelten als besonders schön. Hast du dafür eine Erklärung?
Schöne Menschen gibt es immer dort, wo der Genpool durchgemischt ist – und in Russland trifft Europa auf Asien. Außerdem stecken sie viel Energie in ihr Äußeres. Sie sind gezwungen, schön zu sein. Sonst haben sie es hier sehr schwer. Schönheit ist eine grausame Macht, sagt man in Russland. Sie bringt Spielraum – und ist gleichzeitig eine Überlebensstrategie.

Laut den russischen Marktforschern von COMCOM gibt in Russland jede Frau durchschnittlich 12 Prozent ihres Einkommens für Kosmetikartikel aus – auch in Krisenzeiten.
Das kann ich mir gut vorstellen. Ich gebe für Kleidung und Pflegeprodukte etwa ein Viertel meines Geldes aus. Meine Tochter, die noch bei mir wohnt, steckt alles, was sie verdient, in ihr Äußeres. Alleinstehende Frauen haben kleine Wohnungen und große Kleiderschränke, sagt man. Männer haben es da einfacher: Alles, was sie brauchen, sind gute Schuhe und ein guter Haarschnitt.

Wie haben sich die Wünsche der Kundinnen in den letzten Jahren gewandelt?
In den neunziger Jahren war Auffälligkeit Trumpf: Frauen wollten dicke Blocksträhnen in unterschiedlichen Farben, sie sind rumgelaufen wie bunte Wassermelonen. Jetzt setzen sie eher auf Natürlichkeit: Blond- und warme Brauntöne, lange Haare oder Bobs. Wobei Glanz und Glamour auf dem russischen Markt immer ziehen werden: Eher Paradiesvogel als Minimalismus. Eher Dolce & Gabbana als konzeptionelle Mode wie Comme des Garçons.

Warum hat die Schönheitsindustrie so viel Erfolg in Russland?
Ich studierte Luftfahrt, weil meine Mutter damals wollte, dass ich etwas »Seriöses« mache, etwas, das sicher einen Arbeitsplatz bringt. Inzwischen hat auch sie verstanden, dass es in Russland nichts Sichereres, nichts Ewigeres als die Schönheitsindustrie gibt. Dieses Land wird hungern, aber trotzdem Lidschatten von Chanel kaufen. Die teuerste Kosmetik ist in meinem Laden als Erstes ausverkauft. Und mir geht es ähnlich: Ich kaufe lieber kein Brot als eine billige Creme.

Einwohner: 261.987
Entfernung zu Moskau: 1.012 km

Text: Jessica Schober
Fotos: Evgeny Makarov

Die Stadt am Onegasee muss sich keine Mühe geben. Sie wirkt durch ihre Unaufgeregtheit. Wer hierherkommt, sucht keine Prachtbauten, sondern Wälder und Seen. Und eine kühle Brise. Im Norden Russlands, nahe der finnischen Grenze, ist es im Sommer angenehm frisch. Im Winter umso länger kalt. Deshalb scherzen die Karelen auch so gerne über das Wetter: Woran erkennt man den Unterschied zwischen den Jahreszeiten in Petrosawodsk? Im Winter haben die Leute ihren Pelzmantel zugeknöpft, im Sommer tragen sie ihn offen.

Schon vor 7.000 Jahren gab es hier eine Ansiedlung, davon zeugen archäologische Funde auf dem Stadtgebiet. Im Zweiten Weltkrieg wurde Petrosawodsk von den Finnen besetzt, drei Jahre lang trug es den Namen Äänislinna. Heute kommen vor allem Touristen in die Stadt. Sie nehmen eines der Boote, die am Ufer des Onegasees zur Insel Kischi ablegen, oder trinken einen *Mors* an der Strandpromenade. Wer in den kleinen Freizeitpark neben der Anlegestelle geht, kann eine Runde im Riesenrad drehen: Es zuckelt gemütlich nach oben und gibt den Blick frei auf Karelien im Karussell.

Vorplatz des Bahnhofs von Petrosawodsk

Petrosawodsk

»Opa ist da.«

Anatolij Pawlow, 58, Hausmeister in der leerstehenden Sommerdatscha von Boris Jelzin

Einst ging er mit Boris Jelzin zum Angeln und hielt die Sommerdatscha des Präsidenten in Schuss. Heute wacht Anatolij Pawlow über ein leeres Reich, das auf neue Gäste hofft.

Kein Schild weist darauf hin, dass hier das Sommerdomizil des verstorbenen Präsidenten liegt, wenn man von Petrosawodsk kommend links in den Laubwald abbiegt. Anatolij Pawlow setzt den Blinker und lässt ein Autofenster herunter. Draußen hört man nur das Rascheln des Sommerlaubs und ein entferntes Vogelzwitschern. Mit der rechten Hand zeigt Pawlow auf das undurchdringliche Grün. »Wilder Wald«, murmelt er, ohne eine Erklärung hinterherzuschieben, und fährt die Straße hinauf zu dem Gebäude, dem er sein Leben gewidmet hat.

Seit 1936 steht hier ein Haus, das Pawlow nur »das Objekt« nennt. Zu Sowjetzeiten war es Tagungsort der Führungsclique, später nutzte der russische Präsident Boris Jelzin es als Sommerhaus. Pawlow ist Verwalter der Jelzin-Villa, so heißt es offiziell. Tatsächlich ist er Hüter eines Hauses voller Geschichten.

Das Haupthaus liegt nah am Wasser. Denn der erste demokratisch gewählte Präsident Russlands liebte das Fischen. Jeden Tag fuhr Jelzin raus auf den See, sammelte die Hechte, Schollen und Forellen ein, die über Nacht ins Netz

gegangen waren. »Manchmal waren es zwei, drei Kilo Fisch, die mussten dann die Köche oder seine Frau zubereiteten«, erinnert sich Pawlow. Er kam dem Staatsoberhaupt in seinen Ferien nah wie wenig andere.

Jelzin kam jeden Sommer für zwei Wochen. »Opa ist da«, haben sie liebevoll gesagt, wenn er in der Villa ankam. »Herzlich Willkommen, Boris Nikolajewitsch, wie geht es Ihnen?«, wiederholt Pawlow die immergleichen Begrüßungsworte. »Jelzin kam aus Sibirien und vertrug das kühle Kima hier oben besser als die Hitze des Südens«, sagt Pawlow. Abends saßen die beiden Männer manchmal zusammen und redeten. Wenn Jelzin unbeobachtet nach Petrosawodsk zum Einkaufen fahren wollte, dann borgte er sich Pawlows Nummernschild für den Präsidentenwagen aus. Die Jelzins seien im Umgang immer einfach gewesen, ganz menschlich, sagt Pawlow. »Jelzin hat alle gleich behandelt. Er ging sehr demokratisch mit Menschen um.«

Früher hat Pawlow in einer Radiofabrik gearbeitet. In den achtziger Jahren kam er als junger Mann zum ersten Mal auf das Areal, um Geld für eine eigene Wohnung zu verdienen. Er ist ganz in der Nähe geboren, in dem kleinen Dorf Schuja. Seit Jahren lebt er selber in einem Häuschen auf dem Gelände, mit rotem Ziegeldach, gleich neben der Jelzin-Villa. Er gehört an diesen Ort wie die Apfelbäume vor der Haustür, wie die Pilze, die aus dem Boden sprießen, wie das Blau des Wassers, das durch die Bäume blitzt. Gestern war Waschtag, eine lange Leine mit braunen und beigen Kleidungsstücken hängt vorm Haus.

Alles an Pawlow ist groß, seine Ohren, seine Nase, seine blauen Augen. Der schlanke Mann mag die großen Gesten. Wenn er vom Angeln redet, ahmt er die Bewegung nach, mit der er den Fischbiss überprüft. Spricht er vom Jagen, halten seine Arme ein imaginäres Gewehr. Pawlow kann Anekdoten erzählen wie

Musikalisches Theater der Republik Karelien (links);
Anatolij Pawlow in der einstigen Sommerresidenz von Boris Jelzin

kein anderer. »Sitzen zwei Karelen auf der Bank ...«, sagt er und fängt schon an zu lachen. Gekonnt berichtet er davon, wie die mächtigsten Männer hier einst zwischen den Walderdbeeren spazieren gingen. Auf der Datscha ließ sich manche politische Entscheidung leichter treffen, »ohne Krawatte«.

Pawlow führt nun über das verlassene Anwesen. 17 Hektar groß ist das Gelände. Vor einer der Datschas, in der einst der Vorsitzende des Ministerrates wohnte, steht noch heute ein Flaggenmast. Drinnen herrscht der nüchterne Charme einer Ferienwohnung. Gelb-rote Gardinen, eine schlichte Couch. Bald sollen hier Touristen übernachten. Anatolij Pawlow nimmt ein bunt verziertes Teegeschirr aus dem dunkelbraunen Küchenschrank. »Das ist noch von damals«, sagt er. Und es soll nicht das letzte Mal sein, dass der 58-Jährige heute ein wenig sentimental wird.

Er könnte den ganzen Tag von Jelzin erzählen. »Er war ein großer Mann«, sagt Pawlow und hält die Hand weit über den Kopf. Er meint es im übertragenen wie im körperlichen Sinne. Denn Jelzin habe nicht mal ins Bett gepasst. Als »Opa« 1993 das erste Mal nach Petrosawodsk kam, hätten sie noch schnell ein größeres zimmern müssen. Dann hätten sie allerdings keine passende Matratze gefunden und das fehlende Stück Liegefläche mit Kissen ausfüllen müssen. Gestört hat es Jelzin nicht – »er war überhaupt nicht zimperlich«.

Natürlich kennt Pawlow die Bilder, die Jelzin als Schwachen und Kranken zeigen. Ungern erinnert er sich an die Fernsehberichte, in denen Jelzin die Treppe des Präsidentenflugzeugs hinunterwankt. »Ich kann nur sagen, dass ich Boris Nikolajewitsch nie betrunken gesehen habe. Er war herzkrank und hat damals im Flugzeug wohl eine Beruhigungsspritze bekommen.« Pawlow will seinen volksnahen Helden schützen. Jelzin ist in Russland weitaus beliebter als Gorbatschow. Der Verfall des Landes in den neunziger Jahren wird vor allem Letzterem angelastet. »Jelzin hat sich immer Mühe gegeben, aber er hatte ein schweres Erbe.«

Pawlow führt durch Jelzins Vila. Drei Stockwerke, viel Holz, viel Licht. Ein Billardzimmer, ein großer ovaler Holztisch im Esszimmer. Eine unverputze Wand, davor ein schlichter Kamin. Messingbeschläge an den Lampen. »Hier, die Lampen sind nicht vergoldet, auch wenn das schon Journalisten geschrieben haben«, sagt Pawlow. Alles ist noch wie damals. Sogar die Strohblumen auf dem Fensterbrett. Er führt die Treppe hinauf in die Privatzimmer und zeigt auf ein riesiges blau bezogenes Bett. »Hier kann man im Bett des Präsidenten schlafen«, und es schwingt ein bisschen Verzweiflung mit, darüber, dass das wohl heute nicht mehr genügt. Ob es nicht ein bisschen so ist, als würde dieses Haus auf etwas warten? »Ja, es wartet auf eine Perspektive.«

Urlaub machen, wo der Präsident sich erholt hat, das ist das Konzept, mit dem das Areal gerettet werden soll. »Wir brauchen Touristen, damit die Rechnung aufgeht«, sagt Pawlow, »aber der Tourismus ist erst dabei, in Karelien Wurzeln zu schlagen.« Ein paar Finnen kämen schon regelmäßig her, um im Winter Schneemobil zu fahren. Präsident Wladimir Putin kam indes nur einmal. Er ließ einen Zaun zwischen dem Hauptgebäude und den Wohnhäusern der Angestellten ziehen. Und verbrachte seine Ferien dann lieber andernorts. »Als Jelzin nicht mehr Präsident war, da hat er uns gefehlt«, sagt Pawlow lakonisch.

Pawlow wird das Gelände bald verlassen müssen. Eigentlich ist er schon im Ruhestand, doch er kann sich nicht verabschieden von dem Ort, an dem er sein Leben lang gearbeitet hat. Er steht am Ufer und wird still. Hier saß Boris Nikolajewitsch manchmal beim Angeln, in seiner weißen Leinenhose und mit seinem Cowboyhut, den er von George Bush senior geschenkt bekommen hatte. Pawlow lächelt.

Zurück in eine andere Zeit: Insel Kischi

Anna Bakaeva, 24, Devotionalienverkäuferin

Sie lebt dort, wo andere Urlaub machen: Anna Bakaeva ist 24 und arbeitet die meiste Zeit des Jahres in der Rostower Region als Lehrerin. Die Sommer aber verbringt sie auf der Insel Kischi, ein Ort, der zum UNESCO-Weltkulturerbe gehört. Im Zweiten Weltkrieg verweigerte ein finnischer Pilot den Befehl, das Ensemble zu bombardieren, weil er von der Schönheit der Kirchen so beeindruckt war.

Eine Stunde lang fährt die Fähre von Petrosawodsk über den riesigen Onegasee, er ist groß wie ein Meer. Lange Zeit zeigt die blaue Linie am Horizont keine Spur einer Uferbegrenzung. Wenn das Eiland dann plötzlich auftaucht, fühlt man sich zurückversetzt in eine andere Zeit. Holzplanken weisen den Weg vom Ufer durch sumpfige Wiesen. Auf der Insel stehen orthodoxe Kirchen aus Holz, aufwendig geschnitzte Giebel, Dächer im Basilika-Stil. Dazwischen streift der Blick über weite Grünflächen, silbrig glänzendes Wasser und kleine Hütten.

In einem Holzverschlag sitzt Anna Bakaeva. Sie trägt ein grau gemustertes Kleid und hat ein weißes Tuch um den Kopf gebunden. Die Frau verschwindet fast hinter einem Tresen mit Devotionalien. Man könnte leicht an ihr vorbeilaufen – dabei hat sie eine interessante Geschichte zu erzählen.

Anna Bakaeva, was hat Sie hierherverschlagen?

Mein Mann singt im Kirchenchor. 2010 war er das erste Mal hier, im Sommer darauf hat er mich mitgenommen. Ich bin jetzt seit eineinhalb Monaten hier, letztes Jahr war ich auch schon zwei Monate auf Kischi. Ich verkaufe Ikonen und kleine Bilder von karelischen Hei-

Anna Bakaeva verkauft Ikonen im Kirchenkiosk

ligen. Im Winter arbeite ich in Taganrog als Englischlehrerin.

Was war das für ein Gefühl, als Sie das erste Mal hier ankamen?
Es hat sich angefühlt wie ein Traum. Als ich die Insel das erste Mal gesehen habe, konnte ich es kaum glauben. Und auch heute ist es so: Wenn ich die Insel wieder verlasse, dann habe ich jedes Mal dieses spezielle Gefühl, diesen Wunsch, wieder zurückzukommen. Es ist, als ob ich in der Zeit, in der ich nicht auf der Insel bin, nichts tun würde, was wirklich zählt. Das hier ist das richtige Leben.

Warum?
Ich glaube, dass man hier auf der Insel die Anwesenheit Gottes spüren kann. Das ist schon alles: Man kann hier Gott fühlen. Ich bin ein sehr gläubiger Mensch. Ich bin orthodox und gehe hier auch zum Gottesdienst, wie alle Leute, die in der Kirche auf Kischi arbeiten. Es ist einfach fabelhaft, also wortwörtlich, wie in einem Märchen oder in einer alten Legende. Ich kann verstehen, warum hier schon vor so langer Zeit Menschen gelebt haben. Die Natur fasziniert mich. Die Sonnenauf- und -untergänge sind unvergleichlich. Jetzt gerade, während der Weißen Nächte, geht die Sonne nicht unter, sie verschwindet nie ganz hinterm Horizont. Aber es wird wunderschön rot, mit rosa- und lilafarbenen Schattierungen. Es ist perfekt. Wie sieht es dort aus, wo du lebst? Ich lebe mit etwa 20 Leuten in einem Haus. Mit den anderen Mädchen, die in den Kerzenläden arbeiten, mit den Touristenführern, den Chorsängern und dem Priester. Ich wohne mit meinem Mann in einem Zimmer, der Priester ist da sehr verständnisvoll. Wir haben zwar kein warmes Wasser und keine Dusche, aber dafür eine Banja (traditionelles russisches Badehaus oder Dampfbad). Strom haben wir auch, Handys und Internet. Wir wollen ja mit der Welt in Kontakt bleiben.

Wenn du zurück in die Zivilisation kommst, fühlst du dich dann wohl?
Nach dem letzten Sommer saß ich mit drei Freunden in einem Café in Petrosawodsk. Wir hatten den Sommer zusammen auf Kischi verbracht und fuhren nun alle zurück in die Rostower Gegend. Als wir da so saßen, hatte ich plötzlich ein komisches Gefühl. Es hat mich an eine Szene aus dem Film *Herr der Ringe* erinnert, als die Hobbits in ihr Auenland zurückwollen und auf einmal alles fremd und anders ist. Ich musste mich erst langsam wieder an mein Leben in der Stadt gewöhnen.

Also freust du dich den ganzen Winter über auf Kischi?
Ja, genau, das ist der Gedanke, mit dem ich den Winter überlebe. Es geht vielen hier so. Viele kommen jedes Jahr wieder, weil sie nicht ohne die Insel leben können. Sie lässt uns einfach nicht los.

Was machst du, wenn du einen Tag freihast?
Dann putze ich unser Zimmer, koche und wasche. Und wenn ich dann noch Zeit habe, dann lese ich. Gerade lese ich zwei Bücher gleichzeitig, das ist ein bisschen lustig. Eines über Jesus Christus, und das andere ist der letzte Teil der *Twilight*-Serie. Davon habe ich gerade alle vier Bücher durchgelesen, in einer Woche, alle auf Englisch.

Kirche auf der Insel Kischi;
Bahnhof Petrosawodsk (rechts)

Blick von der Woroschilow Brücke auf das Ufer des Don

Rostow am Don

Einwohner: 1,01 Millionen
Entfernung zu Moskau: 1.072 km

Text: Jessica Schober
Fotos: Evgeny Makarov

Wenn Russland ein Mietshaus wäre, dann würde in Rostow am Don wohl der nervige Nachbar wohnen, der manchmal zu laut Techno hört, aber in den Ferien ein zuverlässiger Blumengießer ist. Rostow, Heimat der Kosaken und Millionenstadt am Fluss Don, ist ein bisschen derb auf den ersten Blick – aber ganz herzlich. Hier glitzern die Einkaufstempel, liefern sich die Lada-Fahrer nachts ihre Straßenrennen. Während die Jugendlichen vor den Sushibars Schlange stehen, schunkeln die Senioren im Stadtgarten zu Schlagermusik.

Historisch betrachtet besteht Rostow aus zwei Teilen: Rostow und Nachitschewan. Letzteres war früher eine selbständige Stadt, die hauptsächlich von Armeniern bewohnt wurde. Die einstige Grenze zwischen den zwei Orten ist heute der Theaterplatz. Hier treffen unterschiedliche Kulturen aufeinander. Die Stadt am Don wird auch das »Tor zum Kaukasus« genannt. Durch die Einwanderer aus dem Süden wird nicht nur der zentrale Markt bunter, auf dem Kittelschürzen und Sofakissen verkauft werden. Den Frauen aus Rostow wird nachgesagt, zu den schönsten in ganz Russland zu gehören.

Maria-Geburt-Kathedrale am zentralen Wochenmarkt

Pferde für die Seele

Ewgenij Nikitin, 64, Ataman der Kosakischen Gemeinde

Kosakentum, das klingt nach Säbelrasseln und Pferdewiehern. Nicht umsonst gelten die berittenen Krieger als die Enfants terribles der russischen Geschichte: Sie massakrierten ihre Nachbarn, zettelten Aufstände an und verbündeten sich mit den Feinden der Zaren. Im Zweiten Weltkrieg kämpften sie auf deutscher Seite, viele landeten später in sibirischen Straflagern. Heute gelten die Kosaken als Hüter der nationalen Werte Russlands, und tatsächlich ist der Ataman (militärischer Rang oder frei gewähltes Oberhaupt) der Kosakengemeinde von Rostow am Don ein gemütlicher Mann, der Traditionen liebt. Der 64-jährige Ewgenij Nikitin vertritt das Reitervolk, das von sich selbst behauptet, als letztes in Europa den Kampf mit Lanze und zu Pferd noch perfekt zu beherrschen. Von den martialischen Erfolgen seiner Landsleute erzählt Nikitin gern. Er sitzt in seinem Büro, ein Kosakenkalender im Hintergrund, ein Jelzinbild über dem Schreibtisch. Über die Schulterklappen seiner Uniform ziehen sich blau-rot-silberne Streifen.

Ewgenij Nikitin, was bedeutet diese Stadt für die Kosaken?
Rostow ist heute das Zentrum des Kosakentums. In der Region gibt es zehn Kosakenverbände. 140.000 unserer Landsleute leben in Astrachan, Kalmückien, in der Wolgograder und Rostower Region. Wir sind ein eigenes Volk. Das ist wie eine Nationalität. So, wie Sie Deutsche und andere Franzosen oder Engländer sind.

Warum ist es Ihnen so wichtig, dass die Kosaken als Nationalität gesehen werden?
Der Mensch muss doch wissen, woher er kommt. Man muss seine Heimat, seine Natio-

nalität kennen. Vom Ural bis zum Ozean reicht das Gebiet, das Kosaken einst erobert haben. Wir haben etwas, worauf wir stolz sein können. Unsere Leute sind mit 100 Mann gegen 1.000 losgestürmt – und haben gewonnen. Die Kosaken waren der Knöchel des russischen Imperiums. Das, worauf alles steht.

Ewgenij Nikitin erhebt sich aus seinem schweren Lederstuhl. Er will ein paar Dokumente zeigen, die belegen, dass Kosaken selbst im Konzentrationslager nicht als Russen geführt wurden. »Kasaaak«, sagt er lang gezogen auf Russisch. Drei Aquarien stehen im Zimmer, die kleinen Zierfische zittern an den Glaswänden. Der Säbelschrank daneben bleibt zu. Vorerst.

Und welche Rolle spielen Pferde im Selbstverständnis der Kosaken?
Heute halten wir uns Pferde für die Seele. Wir haben hier drei Staffeln mit je 25 Reitern in der Rostower Region. Die patrouillieren und schauen nach Recht und Ordnung. Kosaken werden neben einem Pferd geboren, Kosaken sterben auf dem Pferderücken. Das ist bei uns etwas Genetisches.

Fühlen Sie sich überhaupt als Russe?
Ich bin Kosake. Aber ich lebe in Russland und schätze alles, was ich hier habe. Wir spalten uns nicht ab vom russischen Staat. Wir waren früher mal unsere eigenen Herren, jetzt unterstehen wir der Regierung, »Kosaken im Staatsdienst« heißt das. Ich arbeite in der Rostower Stadtverwaltung im Komitee für internationale Beziehungen. Unser Verein unterstützt auch mehrere patriotische Armee-Clubs, in denen Jugendliche Sport oder Waffenkunde lernen. Es ist in Russland gerade in Mode, sich vor dem Armeedienst zu drücken. Kosakenkinder hingegen gehen mit Begeisterung zum russischen Militär.

Provokant gefragt: Das klingt ja wie eine paramilitärische Organisation, die Sie da betreiben.
Ha, eine Armee kriegen wir auch heute noch in Windeseile zusammen. Aber natürlich, wir leben jetzt unter staatlicher Herrschaft. Seit 1991 waren Kosaken an sechs Kriegen beteiligt – freiwillig. Unter anderem in Jugoslawien, Abchasien und Tschetschenien. Unserer Satzung nach kümmert sich der Verein vor allem um die Wiederbelebung des Kosakentums. Von den ursprünglich vier Millionen waren nach der Sowjetzeit ja nur noch eine Million Kosaken in ganz Russland übrig.

Was ist typisch kosakisch?
Wir fangen jede Mahlzeit mit einem Gebet an. Wir respektieren die Älteren. Wir haben einen verschärften Sinn für Gerechtigkeit im Blut. Ein Kosake könnte nie vorbeigehen, wenn irgendwo eine Ungerechtigkeit geschieht. Außerdem gehört zum Kosakentum der Don, unsere Natur. Hier herrschen noch archaische Zustände. Wenn Kosaken einen Schwarzfischer am Don-Ufer entdecken, wird geschossen.

Jetzt geht Nikitin zu dem hohen schwarzen Schrank neben seinem Schreibtisch. Er holt einen Säbel hervor. Es ist sein eigener, den er von der Kosakengemeinde geschenkt bekam. Dann nimmt es einen weiteren Säbel heraus, den seines Vaters, 90 Jahre alt, die Klinge ist immer noch scharf. Und nun der Säbel seines Großvaters. 150 Jahre alt, ein Geschenk von Zar Nikolaus II. für seine Reitkünste. Die Klinge glänzt blauschwarz. Der Ataman wiegt den Säbel in seinen Händen und lächelt.

Schon mal einen benutzt?
Lacht. Wir sind ja friedliche Leute.

Palast der Kultur

Schtschokino

Einwohner: 60.000
Entfernung zu Moskau: 210 km

Text: Wlada Kolosowa
Fotos: Olga Matweewa

Schtschokino ist ideal für den Reisenden, der sich zurücklehnen und nichts tun will. Denn: Hier gibt es nichts zu tun. Seit das letzte Bergwerk in den Neunzigern schloss, fahren viele Einwohner tagsüber zum Arbeiten ins nahegelegene Tula oder nach Moskau, das etwa drei Stunden entfernt ist. Einige sind zwar in der Chemie-Industrie beschäftigt, aber ansonsten ist aus einer Industriestadt eine Kleinstadt geworden, mit den entsprechenden Symptomen: leere Straßen, volle Sonnenbänke in Innenhöfen, fürstliche Blumenbeete vor den Häusern, Hühner. Am Bahnhof verkaufen Babuschkas Gartenhimbeeren in Mayonnaise-Gläsern. Auf der ehemaligen Tanzfläche im Park haben Teenager mit Bauschutt eine Skate-Rampe gebaut. Schtschokino ist eine Kleinstadt, die kein Reiseführer kennt. Wer hier wohnt, hat doch genug zu tun: Der »Palast der Kultur«, der aus der kommunistischen Zeit übrig geblieben ist, bietet fünf Tanz-AGs an und einen Literaturzirkel namens »Orpheus«. Die Einwohner fahren auf die Datscha, tratschen, schelten Enkel. Andere Sehenswürdigkeiten sind ihnen egal.

»Sie sind ja alle meine.«

Nadeschda Chrjatschkowa, Lehrerin

»Kolosowa, du Magengeschwür!«, sagt Nadeschda Chrjatschkowa fröhlich. Sie hat meine Stimme nach fünf Sekunden am Telefon erkannt. »Wie lange hast du dich nicht mehr gemeldet? Fünf Jahre?«

Es waren sechs. Aber Nadeschda Chrjatschkowa nimmt es mir nicht übel. Seit 26 Jahren ist sie Lehrerin für Russisch und Literatur. Schüler kommen, Schüler gehen, Schüler stehen auf einmal vor der Haustür und okkupieren für ein paar Nächte ihr Sofa, verschwinden dann für Jahre und schicken plötzlich eine Hochzeitseinladung. Oder eine SMS, ohne Gruß- und Abschiedswort: »Was soll ich lesen?«

»Wenn du kommst, kriegst du eins aufs Dach«, verspricht Chrjatschkowa. Dass ich komme, noch heute Abend, steht außer Frage. Nur wenige Stunden später sitze ich an ihrem Esstisch, wo ich als Schülerin viele Abende verbrachte, mit Tee und Keksen und Gesprächen über den Sinn. (Später mit heimlichen Zigaretten auf dem Balkon, die ich zusammen mit anderen Zöglingen in die Blumenbeete der Nachbarn katapultierte, wenn sie kam.) Bis zur siebten Klasse war Chrjatschkowa meine Russischlehrerin. Danach zog ich nach Deutschland und schaute nur noch in den Sommerferien bei ihr vorbei, schloss die Schule ab, dann die Uni, begann zu arbeiten.

Aber Schüler bleiben Schüler, selbst mit einem Diplom. Und Lehrer bleiben Lehrer, auch außerhalb des Klassenzimmers. »Ich glaube daran: Lernen kannst du nur von denen, die du liebst«, sagt Nadeschda Chrjatschkowa. Und wir Schüler liebten sie innig, schleppten Omas Piroggen zu ihr, unsere Sorgen, Straßenkatzen. Sie war eine, die Türen unabhängig von der Tageszeit aufmachte. Eine, die in ihrer Freizeit mit Schülern nach St. Petersburg fuhr und immer ein Wort für einen übrig hatte, wenn auch ein deftiges. »Vielleicht ist es eine russische Tradition, Rund-um-die-Uhr-Lehrer zu sein. Viele unserer Schriftsteller haben sich auch als Lehrer gesehen«, sagt Chrjatschkowa und deutet auf ihr Bücherregal, in dem Dostojewski und Tolstoi stehen.

Sie selbst wollte eigentlich nie unterrichten. Als Chrjatschkowa sich an der Pädagogischen Universität für Literatur einschrieb, wollte sie nur mehr Zeit mit Büchern verbringen. Die drei Jahre an der Schule, die für jeden Absolventen Pflicht waren, waren der Preis dafür. »Mir war klar, danach ist Schluss. Aber dann bekam ich eine fünfte Klasse, 40 kleine Menschen mit kleinen Problemen.« Nach drei Jahren sind die Menschen gewachsen und die Probleme auch. Sie wollte sie damit nicht alleine lassen. »Um Dreijährige machen Erwachsene viel Tamtam. Aber wenn sie als Teenager kantig werden und um Hilfe knurren, haben sie meistens niemanden zum Reden.« Eigene Kinder hat Chrjatschkowa nicht: »Sie sind ja alle meine«, erklärt sie. »Mir wurde früh klar, dass ich Kinder anderer Eltern unterrichten werde. Lehrerkinder werden meist keine glücklichen Kinder.«

Wie immer, wenn wir uns sehen, ist der Tee kalt geworden, bevor wir ihn trinken konnten. Wir stehen auf dem Balkon. Noch heute traue ich mich nicht, vor ihr zu rauchen. Um die Füße wieselt die Katze »Busja« – das neueste Geschenk der Schüler. In Schtschokino kann man aus dem fünften Stock weit sehen. Höhere Häuser gibt es kaum. Ob sie manchmal raus will aus dem Städtchen, in dem sie fast ihr ganzes Leben verbrachte? »Natürlich habe ich ab und zu Fernweh«, sagt Chrjatschkowa. »Aber irgendwo gebraucht zu werden ist ein tolles Gefühl. Und ich weiß, dass ich in keinem anderen Beruf glücklich würde.«

Ein einfaches Glück ist es sicher nicht: In Schtschokino bekommt Chrjatschkowa in der höchsten Lehrergehaltsklasse 24.000 Rubel, nicht einmal 600 Euro im Monat. »Ich muss Privatnachhilfe geben, damit ich unterrichten kann. Aber die Gewissheit, auch mit wenig Geld glücklich zu werden, befreit auch. Während der *Perestroika* wurde vier Monate lang kein Gehalt bezahlt, man hat sich gegenseitig mit Geld und Lebensmitteln geholfen – und man merkte: Es geht.« Es geht aber nur, wenn man ein Mensch ist, der durch Kinder aufgeladen wird. »Ich rate jedem meiner Absolventen von dieser Arbeit ab«, sagt sie. »Es sollen nur die bleiben, die nicht anders können.«

Nadeschda Chrjatschkowa in ihrer Wohnung (links);
Klassenzimmer und die Schule in Schtschokino

Kosmonauten unter der Erde

Wladimir Tschernizow, 70, Bergarbeiter

Geburtstagslieder will Wladimir Tschernizow nicht hören. Er will auch keine Tanzmusik. Keine Volkslieder, die sonst auf jeder Feier den Wodka und die Tränen fließen lassen. »Die unsere« verlangt er. Die »über den jungen Mann im Schacht.« Das Lied der Bergarbeiter.

Das hat der DJ natürlich nicht im Repertoire. Macht aber gar nichts. Wladimir Tschernizow fasst seine fünf Kumpels an den Schultern, und dann stimmt ein Chor an, zuerst wacklig, dann immer kräftiger: »Arbeitstage, heiße, die den Kämpfen gleichen …«

Es ist Tschernizows siebzigster Geburtstag. »70 Jahre auf der Erde, 34 davon drunter«, sagt er stolz. Es gibt Lachshäppchen und Bœuf Stroganoff, keine Sowjet-Salate wie »Olivje« und »Hering unter Pelzmantel«. Ein echter DJ wurde bestellt, den alle »Discjockey« nennen oder »Tamada« – den »Feierleiter«. Die Nachbarn sind gekommen, die Töchter, die Enkelkinder. Die fünf Freunde sind die einzigen Kollegen, die übrig geblieben sind. »Das Jahrhundert der Bergarbeiter ist kurz. Mit 60 waren die meisten im Grab.« Man habe hart gearbeitet und hart gesoffen. »Kippt runter wie ein Bergarbeiter«, sagt man in Russland. Früher, als er noch 93 Kilo gewogen hat, habe er eine Flasche trinken können, ohne dass seine Frau Zinaida auch nur einen Schwips gemerkt hat.

Heute wiegt er 60 Kilo, »Haut ohne Knochen«, sei er, »Schlacke ohne Kohle«. Die Gallenblase hat man ihm entfernt und einen Teil des Magens. Die Lunge »treibt Unfug«. Vieles wegen der Arbeit, klar. Aber Tschernizow spürt keinen Gram. Hätte er ein neues Leben, er würde alles genauso machen, sagt er. Solche Kumpels, solche Freunde fürs Leben fände man nur im Bergbau. Er hatte ein gutes Leben, er hat Karriere gemacht: vom Lokführer bis zum Revierleiter. 230 Menschen unterstanden ihm.

Der Kohleberg

Die Arbeit sei gut bezahlt gewesen: Bergarbeiter hätten früher mehr Geld bekommen als Lehrer, mehr als Ärzte. Mädchen seien ihnen in Scharen hinterhergerannt. Eine besonders Flotte sagte ihm beim Samstagstanz im Palast der Kultur: »Zieh deine Jacke an, du bringst mich jetzt nach Hause.« Sechs Monate später haben sie geheiratet, drei Monate nach der Hochzeit kam die erste Tochter auf die Welt. Die ersten Jahre wohnten sie im Arbeiterwohnheim. Zum Glück konnte er seinen Zimmernachbarn mit Zinaidas Zimmernachbarin verkuppeln. So hatte jede Familie ein Zimmer für sich.

Die zweite Tochter folgte zwei Jahre später. Als sie sich nach der Schule für die Bergbauuniversität einschrieb, war er stolz. Bergarbeiter, sagte ihr Tschernizow, sind Kosmonauten unter der Erde. Die Zukunft solle man nicht über den Köpfen suchen, sondern unter unseren Füßen. Schtschokino sei damals eine wahre Bergarbeiterstadt gewesen. Das größte Restaurant hieß »Der Kumpel«. Und am letzten Sonntag im August, dem Tag der Bergarbeiter, hat die ganze Region gefeiert.

Jetzt erinnern daran nur Schlackeberge in der Umgebung und die Grubenwagen auf den Datschas, die früher Gestein transportierten und heute Regenwasser sammeln. In den Neunzigern wurden die Maschinen abgestellt, die Schächte stehen unter Wasser. Tschernizow wurde mit Mitte fünfzig in die Rente geschickt. »Gezwungen!« Weil er mit 45 über 20 Jahre im Bergbau gearbeitet hatte, hätte er da schon in Rente gehen können. Aber er selbst hätte bis 60 gemacht, mindestens.

Dem DJ wurde verziehen, langsam tröpfeln die Menschen auf die Tanzfläche. Wladimir Tschernizow legt sogar ein Tänzchen mit der Nachbarin aufs Parkett. Danach gedenkt er der toten Freundin, der verstorbenen Zinaida. Überhaupt könne er sich glücklich schätzen, sagt er. Er kann noch auf die Datscha fahren, am Steuer seines Lada. Die Zucchini seien dieses Jahr riesig geworden. »Ich freue mich über jeden Sonnenstrahl. Aber ich habe keine Angst zu sterben. Wer sein halbes Leben 96 Meter unter der Erde war, dem machen zwei Meter nichts aus.«

Einwohner: 326.861
Entfernung zu Moskau: 400 km

Text: Jessica Schober
Fotos: Evgeny Makarov

Das Wort, das alle rufen, wenn sie die Smolensker Kathedrale sehen, heißt »Uchti!«. Ein schwer zu übersetzender russischer Begriff, der mindestens Staunen, eher Ehrfurcht zum Ausdruck bringen soll. Denn über der Stadt thront die angeblich dritteuerste Kirche Europas. Silberne Kuppeln glänzen über den mintgrünen Kirchwänden aus dem 17. Jahrhundert. Drinnen knien Frauen vor der Ikonenwand, immer wieder bekreuzigen sie sich vor den Reliquien. Eine Gläubige trägt ein goldenes Kopftuch mit Pailletten, es glitzert wie die Barockverzierung.

Doch nicht nur die Auferstehungs-Kathedrale ist sehenswert in Smolensk, auch wenn hier früher der heutige Patriarch Kyrill als Bischof der Diözese gearbeitet hat. Wer einen kleinen Rundgang um das Gotteshaus wagt, wird gleich noch einmal »Uchti!« rufen, allein wegen der schönen Aussicht. Smolensk verteilt sich auf sieben Hügeln entlang des Dnepr-Ufers. Das alte Zentrum ist noch heute umgeben von einer 400 Jahre alten Backsteinmauer. Fast wie die chinesische Mauer zieht sie sich durch die Landschaft, diesen Vergleich hört man hier an jeder Straßenecke. Dass die Stadt 1.150 Jahre alt ist, merkt man ihr schon an. Der Straßenbelag ist in die Jahre gekommen, überall rumpelt es. Das passt übrigens gut zum Namen, denn Smolensk kommt von »Smola« und bedeutet »Teer« – früher haben Handelstreibende hier ihre Boote geteert.

Smolensk

Blick auf die Stadt von der Uspenski-Kathedrale aus.
Die Kremlmauer umschließt die Altstadt.

Zwischen dem Bentley und dem Bettler am Straßenrand

Alexej Serij, 43, Juraprofessor und Jugendarbeiter

Alexej Serij sieht nicht so aus, wie man sich einen Juraprofessor im Allgemeinen vorstellt. Er hat braune Arme, trägt ein hellgrünes Poloshirt und stellt zuerst seinen zerschlissenen Rucksack in die Ecke, als er das Café in der Smolensker Innenstadt betritt. Der 43-Jährige war schon wissenschaftlicher Mitarbeiter eines Duma-Abgeordneten. Um Geld zu verdienen, hat er als DJ in Clubs aufgelegt. Parallel dazu hat er Jura studiert und Studenten aus aller Welt betreut. Serij ist ein Mann der vielen Talente.

Ein Gespräch über Gerechtigkeit, Wandel und Jugend.

Alexej Serij, haben Sie drei Köpfe?
Wieso das?

Sie haben in der Smolensker Stadtverwaltung gearbeitet, sich in der internationalen Jugendarbeit engagiert und Jura studiert. Wie geht dies alles zusammen?
Sehr gut. Ich habe mir aus diesen Bereichen auch das Thema für meine Doktorarbeit überlegt. In den Neunzigern, als ich begonnen habe, Jura zu studieren, ist in Russland ein neues Rechtssystem entstanden, das war sehr spannend. Mir ist aufgefallen, dass Jugendliche hier nirgendwo im Gesetz erwähnt wurden. Ich wusste aber aus der Stadtverwaltung, wenn dort das Wort »Jugendliche« nicht auftaucht, dann kann für diese Gruppe auch kein Budget bereitgestellt werden. Die Gesetzgebung musste also auf städtischer Ebene geändert werden. Meine Dissertation sollte beweisen, dass sich

Die Uspenski-Kathedrale (oben);
Alexej Serij in seinem Lieblingscafé im Zentrum von Smolensk

bislang keiner um die Jugend kümmert. Die Arbeit hat viel Streit hervorgerufen.

Was kam dabei heraus?
Ich habe meine Dissertation verteidigt, und zwei Jahre später wurde mein Vorschlag ins Gesetz eingebaut. »Arbeit mit Kindern und Jugendlichen« taucht jetzt auf – aber natürlich muss man immer noch jedes Mal ausdiskutieren, wie viel Geld nun tatsächlich dafür ausgegeben wird.

Wie steht es um die Jugend in Russland?
Die Jugendlichen heute haben viele Möglichkeiten, aber sie hatten oft keine wirkliche Wahl. Es fehlen die Mittel, zum Beispiel wenn jemand ein neues Auto kaufen will. Es ist für junge Leute schwer, einen Einstieg ins Berufsleben zu finden. Da kommen wir zu einem generellen Problem in Russland, der Aufteilung der Gesellschaft.

Wo steht Russland da gerade?
Die Kluft zwischen Arm und Reich ist riesig, zwischen dem Bentley und dem Bettler am Straßenrand. Die Mittelschicht entsteht erst. Nehmen Sie mich als Beispiel: Eigentlich müsste ich ein Vertreter der Mittelschicht sein. Aber um das zu schaffen, muss ich drei Jobs gleichzeitig machen. Ich arbeite im Archiv und habe zwei Aufträge an Universitäten, um irgendwie über die Runden zu kommen. Ich gebe viele Vorlesungen, aber wenn ich mich nur auf meine Aufgabe an der Uni konzentrieren würde, dann hätte ich monatlich bloß 400 Euro. Damit ist es nicht nur schwer, zur Mittelschicht zu gehören, damit ist es überhaupt schwer zu leben.

Was bedeutet Gerechtigkeit für Sie?
Jedenfalls nicht Umverteilung wie im Kommunismus. Auch wenn Marx recht hatte mit seinem Spruch: »Jeder nach seinen Fähigkeiten, jedem nach seinen Bedürfnissen.« Ich finde, die Regel sollte lauten: Wenn du viel arbeitest, musst du auch überleben können. Das ist hier leider oft nicht der Fall. Ich glaube, Gesetze können helfen, Gerechtigkeit herzustellen – wenn sie richtig angewendet werden. Und nicht nur auf dem Papier stehen.

Wie lässt sich Rechtsstaatlichkeit durchsetzen?
In Smolensk gab es vor einiger Zeit überall Parkverbote. Nur hielt sich niemand daran. Erst als die Polizei anfing, Knöllchen zu verteilen, wurde es langsam besser. In Russland haben viele Menschen das Vertrauen in das Rechtssystem verloren. Sie meinen, dass das Gesetz für irgendwen geschrieben ist, aber nicht für sie. Manche leben lieber so, wie es ihnen die Ahnen gesagt haben, und nicht, wie sie es dem Gesetz nach sollten.

Klingt ziemlich kulturpessimistisch. Was muss sich ändern?
Nicht die Gesetze müssen geändert werden in Russland, sondern die Gesellschaft. Natürlich kann man Regeln auch mit Gewalt durchsetzen, mit Polizisten, die an jeder Ecke stehen und den Knüppel bereithalten. So war es zu Sowjetzeiten. Ich glaube aber, es müsste eher eine Erziehung zum Rechtsbürger geben. Das müssten aber auch die vorleben, die oben sitzen.

Wie meinen Sie das?
Die Rolle des Vorgesetzten ist hier traditionell sehr stark. Viele sagen zum Beispiel: Putin verbessert unser Leben. Ich denke dann: Egal, wie genial ein einzelner Politiker ist, er kann ja nicht für mein gesamtes Leben verantwortlich sein. Das würde auch auf lokaler Ebene bedeuten: Wenn es uns im Dorf schlecht geht, ist der Bürgermeister schuld. Ich finde, man muss viel mehr den gesellschaftlichen Zusammenhang betrachten.

Sehen das viele so wie Sie?
Die Leute fragen sich, wofür sie Steuern zahlen. Wenn die Straßen in ihrer Heimatstadt kaputt sind und sich keiner darum kümmert, dann wächst der Rechtsnihilismus der Menschen. Wir haben in Russland keine Geschichte der freien Entwicklung des Menschen erlebt. Die Leibeigenschaft wurde erst Ende des 19. Jahrhunderts abgeschafft, das ist gerade mal drei Generationen her. Dann kam der Kommunismus, und schon wieder konnten die Leute nicht lernen, selbst zu denken.

Wo lernt man, so zu denken, dass man seine Freiheit dafür nutzt, Gesetze einzuhalten?
Bücher lesen, Musik hören, mit Leuten reden. Und vor allem in andere Länder reisen. Ich habe mich viel im internationalen Jugendaustausch engagiert. Die ersten Jugendlichen, die ich in den neunziger Jahren nach Deutschland begleitet habe, haben sich dort vieles abgeguckt. Nach ihrer Rückkehr trugen sie plötzlich Rucksäcke, obwohl man die damals in Russland höchstens in den Wald mitnahm. Anfänglich wollten viele der Jugendlichen, die ich begleitet habe, einfach nur raus aus Russland. Aber mit der Zeit haben sie gelernt, dass es Sinn macht, sich hier vor Ort einzubringen, dass die Wirtschaft hier Platz bietet, um neue Geschäftsmodelle aufzubauen.

Was versuchen Sie den Jugendlichen zu vermitteln?
Sie müssen realisieren, dass es den Staat stärkt, wenn wir eine Gemeinschaft bilden. Momentan ist es eher so, dass es sich viele Leute zu Hause gemütlich machen – was vor ihrer Haustür passiert, interessiert sie nicht sonderlich. Ich frage mich, warum es zum Beispiel in den vielen riesigen Wohnblocks aus Sowjetzeiten eigentlich kaum Eigentümergemeinschaften gibt, die sich mal an einen Tisch setzen und gemeinsame Belange diskutieren.

Wie werden Historiker später auf das heutige Russland blicken?
Ich hoffe, dass man die Veränderungen sehen wird. »Eine Zeit des Wandels« könnte man diese Epoche gut nennen. Russland ist in einem Zustand der Suche. Es ist ein großes, starkes Land, und deshalb ist es gar nicht so leicht, sich auf die Suche zu begeben. Heute wächst eine neue Generation heran, die ihr Denken ändert. Das sind Jugendliche, die die Konsequenzen ihres Handels begreifen. Die deshalb zum Beispiel mit dem Rauchen aufhören, weil sie sonst später viel Geld ausgeben müssten, um sich die Zähne bleachen zu lassen … Wissen Sie was? Ich mache jetzt eine Rauchpause.

Aus der Stadt aufs Land: »Hauptsache, mich stört hier keiner.«

Michail Sadowski, 53, Landwirt und ehemaliger Geheimdienstmitarbeiter

Wo die russische Seele wohnt? Eine Antwort stimmt auf jeden Fall: Draußen. Dort, wo die Hühner gackern und die Birken sich im Wind biegen. Dort, wo Michail Sadowski heute wieder wohnt. Der ehemalige Geheimdienst-Mitarbeiter hat mit Moskau gebrochen und lebt seit vier Jahren wieder in dem Dorf seiner Kindheit – mitten auf dem Land, zusammen mit seiner Frau, seinen Bienenvölkern und elf Pfauen.

»Sekündchen, Sekündchen!«, ruft er zur Begrüßung und wuchtet eine Messingwanne mit eingelegten Pilzen vom Boden auf den Tisch. Aus den Sekündchen werden mehrere Minuten, in denen Sadowski grob die Pilzhüte putzt – nicht nur mit einem Taschenmesser, sondern auch mit Hingabe. Dann erst blickt er auf und begrüßt die Gäste mit kräftigem Handschlag. Sadowski hat Zeit. Alle Zeit der Welt. Nur die Pilze müssen bis zum nächsten Winter eingelegt sein.

Der 53-Jährige ist Selbstversorger. Er baut Gemüse an und hält Hühner, Puten und Pfauen auf seinem knapp fünf Hektar großen Grundstück bei Smolensk. Die Vorratskammer seines kleinen Holzhauses ist voll mit eingelegten Gurken, Tomaten, Auberginen. Nur Brot, Mehl und Zucker kauft er in der Stadt. Dazu alles, was er für die Touristen braucht, die hier im Gästehaus übernachten. Denn Sadowski be-

dient einen neuen Trend, obwohl er doch bloß aufs Land flüchten wollte: Agrotourismus, Urlaub auf dem Bauerhof, wird auch in Russland populär.

Sadowski ist alles andere als ein gewöhnlicher Aussteiger. Das erkennt man an der Kleidung. Er trägt eine dunkle Leinenhose von Armani und ein frischgebügeltes T-Shirt in Taubenblau. Er müsste dieses Leben hier nicht führen. In Moskau hatte er ein großes Haus, viele Autos und einen Swimmingpool. Er hat beim russischen Geheimdienst FSB gearbeitet und ist schon mit 43 in Rente gegangen. Mitgenommen aus dem alten Leben hat er bloß das Familienarchiv und eine Mikrowelle. Seine Frau hat all ihre Kleider verschenkt, sie kocht heute im Trainingsanzug an der Feuerstelle der Hütte. Das Schicksal habe es gut mit ihm gemeint, sagt Sadowski, mehr will er über seine Vergangenheit nicht verraten.

Viel mehr interessiert ihn die Zeit vor seinem alten Leben. Das Dorf, in dem er gelebt hat, bis er 18 Jahre alt wurde und zur Armee ging. Es heißt Schogailowo. Ein Ort, den *Google Maps* nicht kennt, 110 Kilometer außerhalb von Smolensk. Man muss schon genau wissen, wo man abbiegt, um Sadowskis Wohnort zu finden. Das Grundstück liegt mitten im Wald. Von hier aus kommt man leicht über die Grenze nach Weißrussland. Mit dem Pferd oder mit dem Traktor, versteht sich. Früher sei hier mehr los gewesen, murmelt Sadowski. »60 Häuser, in jedem Haus zwei Erwachsene und mindestens vier Kinder, so war das damals üblich.« Geblieben sind in Schogailowo noch vier Häuser. Die Hütte der Sadowskis mit eingerechnet. Der Hausherr sagt: »Hauptsache, ich habe meine Ruhe.«

Sadowkis nächster Nachbar wohnt anderthalb Kilometer von hier entfernt. Der Dorfälteste ist 90, der Jüngste 77. »Jeder von uns träumt doch von dem Ort und von dem Haus, in dem er geboren wurde. Der Fisch will dahin, wo es tiefer ist, der Mensch will dahin, wo es besser ist«, sagt Sadowski. Viele der Alten hacken noch Holz, heizen das Haus und holen Wasser vom Brunnen. Sie wollen hier nicht weg, manche bestehen darauf, wenigstens die Sommermonate in Schogailowo verbringen zu können, erzählt Sadowski. »Bewegung ist Leben. Und wenn die Leute gewohnt sind, sich zu bewegen, wollen sie das nicht aufgeben. Vielleicht sind die Menschen auf dem Land deshalb so langlebig.«

Überhaupt entspräche das Landleben seinen Landsgenossen, meint Sadowski. »Das liegt uns Russen im Blut, rauszugehen in die Natur. Wenigstens zwei Wochenendtage draußen zu verbringen auf der Datscha, am Lagerfeuer sitzen und über Gott, die Welt oder den Präsidenten reden, und dann gibt es ja noch den Hochprozentigen.« Früher, da hätten die Leute vom Dorf noch als Versager gegolten. Mittlerweile sei das anders. »In der Stadt muss ich für alles bezahlen. Hier sehe ich, wie die Dinge in meinen Händen wachsen, die Blumen, das Ge-

Hausgemachte Blini, Marmelade, Kräutertee und Honig bei Sadowski;
Die Uspenski-Kathedrale (rechts)

müse und die Pflanzen groß werden.« Es gebe Unterstützung und Kredite für Menschen, die zurück aufs Land wollten.

Ob ihm denn gar nichts fehle hier draußen? Da kann Sadwoski nur lachen. »Ich habe gar keine Zeit, etwas zu vermissen. Ich stehe um sieben Uhr auf und gehe um neun wieder schlafen.« Er brauche keine Wohnung aus Beton um sich herum, er habe doch alles hier. Er könne sich und seinen Gästen Omeletts aus Pfaueneiern braten, und er habe sogar einen Fernseher. Und wenn es doch mal etwas gebe, was er nicht kenne, was er noch nie gemacht habe, dann gebe es ja immer noch das Internet. Neulich hatte er zum Beispiel ein Problem mit dem Honig seiner Bienen. Wusste nicht, wie er den abfüllen sollte, nachdem er ihn geschleudert hatte. Stehen lassen, abwarten war ein Tipp aus dem Forum. Und nicht nur für den Umgang mit den Waben hält das Netz genug Antworten parat.

Ansonsten hilft man sich in Schogailowo eben in der Nachbarschaft. So wie im ersten Winter, als Sadowski mit dem Wagen im Schnee stecken geblieben war. Da kamen gleich die Nachbarn, zogen ihn heraus. Er wollte ihnen Geld geben. Die Nachbarn meinten: »Was soll das? Sollen wir dir etwa auch Geld zahlen, wenn du uns mal weiterhilfst?« Das fasziniert Sadowski noch heute. Dass keiner Nein sagen wird draußen auf dem Land. »In Moskau kennt niemand seine Nachbarn. Das Leben ist wie ein Rennen. Aber wohin rennen die Leute alle? Die haben ständig Stress, und um den abzubauen, gehen sie shoppen«, sagt er. Er kaut an einem Pfannkuchen, heute Morgen zubereitet auf dem Kachelofen. Er grinst ein wenig schief: »Wir haben doch nur ein Leben.«

Promenade am Ufer des Sotschi

Sotschi

Einwohner: 343.334
Entfernung zu Moskau: 1.617 km

Text: Jessica Schober
Fotos: Evgeny Makarov

Курорт – Kurort. Selbst im Russischen gibt es kein besseres Wort, um die Atmosphäre in Sotschi zu beschreiben. Hier kommen alle her, um zu entspannen. Touristen, Sportler, Geschäftsleute, sie alle wollen Berge und Meer, Palmenparadies und Skipiste. Deshalb ist Sotschi ein bisschen wie eine russische Mischung aus Kitzbühel und Sylt. Die Stadt hatte sich für die Olympischen Winterspiele 2014 herausgeputzt: Es wurden unzählige Hotels gebaut, Fußgängerüberwege beschildert und Rollstuhlrampen geebnet.

Über dem Eingang zum Rivera-Park tanzt eine Reihe gold- und silbern glänzender Heißluftballons in der Sonne. Ein junger Mann mit Sonnenbrille und Flipflops sitzt auf einer weißen Parkbank und malt Blumen, Frauen in bodenlangen bunten Kleidern schreiten vorbei. Die Zikaden zirpen. Alles in Sotschi strahlt hell wie die weißen Straßenlaternen an der Strandpromenade. Im Café Cenador stehen weiße Pavillons mit Luftbefeuchtern für die Gäste bereit, die ihre mehrheitlich weißen SUVs an der Promenade geparkt haben. Eine »Hollywoodklinik« verspricht auf einem Werbeplakat weißere Zähne.

Am Strand des Urlaubsortes ist das Wasser ruhig. Eine Mole aus Betonpfeilern hält die Schwarzmeerwellen vor der Bucht. Im Yachthafen liegt die »Kristina« gleich neben der »Starfighter«. Reichtum bemisst sich hier in Schiffsmetern. Draußen bei den Frachtern stehen Angler auf den Stegen. Am Strand sonnen sich die Wohlproportionierten auf faustgroßen Kieseln. Zwei Mädchen auf dem Badesteg spielen ein Spiel: Ras, dwa, tri (eins, zwei, drei), wer springt zuerst? Und schon landen beide gackernd im warmen Wasser.

»Sotschi ist voller Bewegung.«

Vitali Golikow, 58, Tennistrainer

Technomusik schallt durch den Park, mischt sich mit dem Plätschern der Springbrunnen. Und mittendrin liegt die Sportanlage des Tennisvereins der Olympiastadt. Hier haben sogar die Mülleimer die Form eines Tennisballs. Groß, grün und rund hängen sie an den Maschendrahtzäunen, die die Courts voneinander trennen. Zwischen Palmen, Ahorn- und Pinienbäumen stehen weiße Sitzbänke.

Hier wacht Vitali Golikow über sein umzäuntes Reich. Der 58-jährige Tennistrainer hat braune Augen, buschige Brauen und einen schwarzen Schnauzer. Seine Haut hat fast die rotbraune Farbe des Platzes, die durchschnittlichen acht Sonnenstunden pro Tag in Sotschi sieht man ihm an. Vitali Golikow ist so, wie man sich einen Lehrer wünscht. Streng im Training, mild bei Niederlagen. Und zudem: ein erfolgreiches Vorbild für die jungen Tennisspieler, die sich auf dem Sandplatz im Rivera-Park die Bälle zuspielen.

Heute steht Kindertraining auf dem Programm, die Bälle fliegen Golikow um den Kopf. »Unsere kleine Scharapowa« nennt er eine seiner Tennisschülerinnen. Die echte Maria Scharapowa, die Grand-Slam-Gewinnerin aus Sibirien, habe hier auf diesem Platz mit fünf Jahren angefangen zu spielen. Golikow guckt streng und ruft einem kleinen Jungen zu: »Mit diesen langen Armen müsstest du eigentlich alle Bälle kriegen, Nikita.« Der Junge guckt erst ganz erschrocken, dann flüstert ihm Golikow etwas ins Ohr, und der Kleine strahlt über das ganze Gesicht.

Golikow ist Sportlehrer in einem Land, das sich seit jeher über seine Erfolge bei Turnieren und Wettkämpfen definiert. »Als Steffi Graf und Boris Becker so erfolgreich waren, haben sie in Deutschland ja auch eine Welle der Begeisterung für den Tennissport ausgelöst«, sagt Golikow. In Russland sei das seit den Siegen von Evgeny Kafelnikow nicht anders. Einmal

Die Kathedrale des heiligen Wladimir Rawnoapostolny; Vitali Golikow am Tennisplatz des Rivera-Parks

wie einer von den Großen sein, das ist für die vier Mädchen und sechs Jungen, die heute trainieren, das große Ziel. Oder wenigstens eines Tages den Trainer besiegen. »Ich sage den Kindern immer: Wenn ihr gegen mich gewinnen könnt, dann ist das für mich die größte Freude. Aber momentan schaffen sie das noch nicht, da ärgern sie sich natürlich.«

Golikow hat früher selbst in der Sowjetauswahl gespielt. Schon mit 19 hat er angefangen, andere zu unterrichten. Tennistrainer zu werden war immer sein Traum. Heute verbringt er sechs Tage die Woche auf dem Platz im Rivera-Park. Und fährt sonntags zu Turnieren. Von seinen Schülern erwartet er volle Leistung, nicht nur im Sport. »Die haben alle auch richtig gute Schulnoten«, erzählt Golikow. Früher habe er das noch kontrolliert, heute wisse er: »Sie kommen nach der Schule zum Training, machen danach ihre Hausaufgaben, essen etwas und gehen schlafen. Die haben keine Zeit für Blödsinn.«

Seine Freizeit widmet der Trainer fast ausschließlich dem Sport. Von Golikows Wohnung bis zur Trainingsanlage sind es bloß sieben Minuten. Im Meer sei er schon seit vier Jahren nicht mehr gewesen, erzählt er. Erst wenn Freunde zu Besuch kämen, merke er, wie sich seine Heimatstadt verändert habe. Zum Beispiel wie Sotschi eine immer gesündere Stadt geworden sei. Wie immer weniger Menschen noch Zigaretten rauchten. Und wie immer mehr zum wöchentlichen Lauftreff am Flussufer kämen. »Sotschi ist voller Bewegung. Hier sind das Meer, das Grün, die Luft. Wenn wir joggen gehen, dann laufen sogar die Eichhörnchen neben uns her.«

Zurück auf dem Platz, haben die Schüler inzwischen Teams gebildet, Rückhand wird geübt. Golikow studiert seine Schüler genau. Wenn sie einen Ball verfehlen, werfen sie verzweifelt die Hände vor das Gesicht, zwischen den Fingern riskieren sie einen Blick zum Trainer. Und hoffen auf einen zweiten Versuch. »Alle wollen siegen, aber nicht jeder hat das Talent.« Golikow zeigt auf einen kleinen blonden Jungen. »Der ist gerade mal zehn, sehr begabt, hat schon drei Turniere gewonnen«, murmelt der 58-Jährige. »Den noch richtig erfolgreich zu machen, das wäre mein Ausstieg in die Rente.«

»Wer einen Kopf auf den Schultern hat, der kann etwas erreichen.«

Wadim Lewschenko, 57, Leiter der Handelskammer

Früher sah es ein bisschen mehr nach Urlaub aus, wenn Wadim Lewschenko aus seinem Bürofenster schaute. Von seinem Schreibtisch aus konnte der Chef der lokalen Handelskammer den Strand von Sotschi sehen. Kurz vor Olympia sprossen Hotels und Hochhäuser aus dem Boden, Lastwagen standen in Kolonnen vor den zahlreichen Baustellen der Stadt. Lewschenko hat den Wandel seiner Heimatstadt Sotschi miterlebt. Der gelernte Ingenieur ist seit 30 Jahren auf seinem Posten. Ein buntes Bild über seinem Schreibtisch zeigt Sotschi. Mit schnellen Pinselstrichen ist eine Brücke skizziert, die ein bisschen wie eine in Venedig aussehen will. Der 57-jährige Lewschenko ist hier zu Hause, auch wenn er seine Heimat manchmal nicht wiedererkennt.

Wadim Pawlowitsch Lewschenko, wie hilft Ihre Handelskammer den Firmen in Sotschi?

Wir arbeiten eng mit den 350 Organisationen zusammen, die bei uns registriert sind. Wir haben eine Ausstellungsfläche auf der Wirtschaftsmesse Expo Sotschi, auf der sich diese Unternehmen präsentieren können. Und wir haben Experten, die Gutachten verfassen, Unternehmenswerte schätzen oder bei Streit schlichten.

Was sind die größten Hürden für Unternehmer in Sotschi?

Die Mietpreise hier in der Stadt sind sehr hoch. Aber auch die Mentalität ist eine andere als in Moskau oder in Krasnodar, wo die Unternehmer eher bereit sind, sich weiterzubilden. Für viele Russen ist Sotschi hauptsächlich ein Kurort. Die Einheimischen haben das schon im Blut, dass sich hier alle bloß erholen wollen.

Welche Weiterbildungsmaßnahmen bieten Sie an?

In unserem Handels- und Lehrzentrum gibt es allgemeine Kurse zu juristischen, buchhalterischen und steuerlichen Fragen. Also: Was muss ich machen, um ein Geschäft zu eröffnen? Das sind die Grundlagen, die wir hier vermitteln. Manchmal wundere ich mich aber, warum nicht mehr Leute aus Sotschi unser Angebot nutzen.

Sie arbeiten jetzt seit fast 30 Jahren für die Handelskammer in Sotschi – was hat sich in dieser Zeit geändert?
Die unerklärlichen Hochhäuser vor meinem Bürofenster waren früher nicht da. Es zieht die Russen beim Bauen immer nach oben, keine Ahnung, warum. Andererseits wurden hier auch viele neue Straßen gebaut, Wasser- und Stromleitungen, Klärwerke. Nach dem Zuschlag für die Olympischen Winterspiele wurden 80 Prozent der Mittel für Infrastruktur in der Stadt ausgegeben. Ich habe noch nie so viel Geld auf einmal gesehen, wie hier in den letzten Jahren investiert wurde. Die Tunnel, die Umgehungsstraßen, das finde ich alles sehr erstaunlich.

Was ist anders seit dem Ende der Sowjetzeit?
Heute gilt: Wenn du Business machen möchtest, dann mach. Früher wurde man dafür vielleicht eingebuchtet. Wenn man heute einen Kopf auf den Schultern hat, dann kann man einiges erreichen. Hier vielleicht sogar einfacher als mancherorts in Europa, wie es mir scheint. Andererseits ist es manchmal auch schwierig. Gerade im Justizsystem gibt es noch großen Verbesserungsbedarf.

Sie waren viel in Europa unterwegs. Was fällt Ihnen hier in Sotschi im Vergleich auf?
Bei uns hapert es an der Qualität der Dienstleistung. Ansonsten ist es hier genauso modern wie in anderen europäischen Kurorten. An unserer Uferpromenade stehen nur Geschäfte, kein einziges Restaurant oder mal ein gemütliches Café. Wenn ich hier Besuch aus unserer italienischen Partnerstadt Rimini habe, dann schütteln die nur die Köpfe. Jetzt wird geplant, mehr Sand aufzuschütten, um den Strandabschnitt zu verlängern.

Gibt es hier eine aktive Gründerszene?
In den letzten zwei Jahren vor der Olympiade ist die Zahl der Unternehmensgründungen in Sotschi um 10 Prozent gesunken, weil die Steuern so drastisch gestiegen sind. Die Umsätze insgesamt wachsen, aber die Zahl der Unternehmen wird kleiner. Also mehr Geld für weniger Firmen. Die meisten olympischen Objekte wurden ja von Großkonzernen aus Moskau und St. Petersburg gebaut. Das Kleinunternehmertum ist daran kaum beteiligt. Einen Mittelstand gibt es fast nicht.

Die Konkurrenz ist hart. Wie kann man Korruption verhindern?
Früher war es so: Die Stellplätze in der Stadt für Kleinunternehmer wurden alle unter der Hand verteilt. Wer wo seinen Gemüsestand aufbauen durfte, entschieden ausschließlich Beamte. Heute haben wir ein Gesetz, das die Verteilung neu organisiert. Es gibt einen offiziellen Plan und eine Ausschreibung um die Stellplätze. Die Stadtverwaltung, der Bürgermeister und die Handelsvertreter haben sich an einen Tisch gesetzt und sich überlegt, wie man das Prozedere verbessern könnte. Das ist vielleicht nur ein kleiner Schritt, aber er geht in die richtige Richtung.

Was wünschen Sie sich für die Zukunft Ihrer Stadt?
Die Geschäftsmentalität muss sich ändern. Auf jeder Ebene, egal ob Kellner oder Koch, alle müssen verstehen, dass man sich ständig weiterentwickeln muss. Es ist übrigens gar nicht leicht, ein gutes Restaurant in Sotschi zu finden. Letztes Jahr haben wir hier 56 Köche in italienischer Küche ausgebildet. Das ist zwar nur ein kleiner Schritt, aber wir versuchen es zumindest.

Und gibt es jetzt hier gute Antipasti?
Ach, wissen Sie – wenn man da reingeht, geht man mit vollem Bauch, aber mit leeren Taschen wieder heraus. So ist das.

Künstlerinnen am Dworzowaja-Ufer der Newa

Sankt Petersburg

Einwohner: 4,88 Millionen
Entfernung zu Moskau: 710 km

Text: Jessica Schober
Fotos: Evgeny Makarov

Sankt Petersburg im Sommer. Das ist die Stadt, die ihre Brücken wie Wimpern hochschlägt. Wenn die berühmten Weißen Nächte über der Newa beginnen, herrscht hier europäisches Flair wie nirgends sonst in Russland. Dann sind die Lidstriche lang, die Sommerkleider kurz. Klassizistische Kolonnaden und prächtige Portale säumen den Newski-Prospekt. Vor der Kasanski Sobor, einem Halbrund aus korinthischen Säulen, das sich stilistisch an den Petersdom in Rom anlehnt, posieren Verliebte vor einem Springbrunnen. Rosafarbene Röschen machen den Kitsch perfekt. Fußgänger, Designradfahrer, Dachkletterer, alle finden hier Platz. Neureiche heizen auf Jetskis über den Fluss, in der Metro stehen die Berufspendler und lesen gelassen ihre E-Books. Auf dem Schlossplatz vor der Eremitage trudeln Saxofonklänge durch die Luft. Ein paar Jugendliche hocken im Kreis und spenden einander Applaus für ihre Skateboardtricks. Bühne auf für die Stadt, die viele Russen die schönste ihres Landes nennen.

Igelchen

Veronika Terentew, 28, Künstlerin

Eine zierliche Frau mit Igelfrisur, grüne und blonde Strähnchen in den kurzen Stoppelhaaren, sitzt in ihrer Kammer. Die Wände sind türkisfarben gestrichen, über und über bemalt mit Feen, Schmetterlingen und vor allem Igeln. Es ist eine rechte Zauberhöhle, in der Veronika Terentew arbeitet, wohlversteckt, mitten in St. Petersburg.

Terentew liebt Kunst. Und Kinder. Und Igel. Dass sie das alles in ihrem Beruf zusammenbringt, lässt ihre Augen glitzern wie die Funkelsteinchen auf ihren Fingernägeln. Seit einem Dreivierteljahr erst bietet Veronika Malkurse an. In dem alternativen Kunst- und Kulturzentrum in der Kasanski Ulitsa, direkt hinter der Kasanischen Kirche, finden all jene Unterschlupf, die sich dem Schönen widmen wollen: Wer Tanzen, Malen oder Yoga praktizieren will, trifft hier Gleichgesinnte.

»In einem Bürojob produziert man nur unnützes Papier, das ist mir zu eintönig. Ich will die Ergebnisse meiner Arbeit sehen können«, sagt die 28-Jährige. Sie ist studierte Geografin und Geoökologin. Veronika Terentew war auf einer Kunstschule, hat eine zusätzliche Kunstausbildung gemacht. Trotzdem muss sie leise lachen, wenn man sie fragt, ob das hier ihr Hauptberuf sei. Das Projekt sei noch jung, und in Russland sei es schwierig, von der Kunst zu leben.

Heute Morgen hat sie mit zwei kleinen Jungs aus Norwegen ein Stillleben gestaltet. Erst nur die Tischdecke, dann haben sie Obst und Gemüse gezeichnet, es ausgeschnitten und auf die Tischdecke geklebt. Nebenbei haben sie russische Vokabeln gelernt. In ihren Kursen verbindet Terentew alle Ausdrucksformen. »Die künstlerische Tätigkeit, das Malen, das Arbeiten mit Knete, das ist mir wichtig«, sagt sie und fügt hinzu: »Und der ökologische Aspekt, das Arbeiten mit Naturmaterialen, aber dieses Thema wird hierzulande leider noch nicht so angenommen.« Sie will, dass die Menschen verstehen, welche Auswirkungen ihr Handeln auf die Natur hat. Denn egal ob im Kunstunterricht, beim Sprachenlehren oder im Alltag – »was man gibt, das kriegt man auch zurück«.

Kinder hätten eine Sicht auf die Welt, die sehr nah an der Natur und an der Schöpfung sei. »Deswegen sollte man einfach hinhören, was sie sagen«, sagt die aus Kasan stammende Wahl-Petersburgerin. Sie beschäftigt sich zurzeit mit den Lehren Montessoris. »Ich bin für die freie Erziehung der Persönlichkeit des Kindes«, sagt Terentew. Zu Sowjetzeiten sei das vernachlässigt worden. »Früher war das System der Kinderbetreuung in Russland sehr strukturiert, man schaute nicht nach rechts und nicht nach links. Inzwischen gibt es da mehr Freiräume.«

Und was hat es nun mit den vielen Igeln auf sich, die Terentew überall auf Wände und Türen malt? Sie gibt sich geheimnisvoll, sie mag sie halt so gerne, die kleinen Tiere. »Jeder kann in einen Igel hineininterpretieren, was er möchte«, sagt sie. »Menschen können ja genauso ihre Stacheln ausfahren oder sich von ihrer kuscheligen Seite zeigen.« Manchmal, gibt sie zu, werde sie auch von ihren Freunden so genannt: Igelchen.

Wir bauen eine kleine Schweiz

Alexander Naroditskij, 55, Generaldirektor

Er wurde zum russischen »Unternehmer des Jahres« gewählt und wendet einige für Russland ungewöhnliche Führungsmethoden in seiner Firma an. Der gebürtige Moskowiter Alexander Naroditskij führt die Ingenieursfirma für Elektrotechnik SPbEC mit Hauptsitz in Puschkin bei St. Petersburg. Die rund 500 Mitarbeiter bringen Technologien wie Komplettautomatisierungen in der Schwerindustrie ein. Zu den Kunden zählen Werke im Bergbau, in der Metallurgie und in der Papiererzeugung.

Herr Naroditskij, was macht einen guten Unternehmer aus?
Man muss mit seinen Leuten reden. Ich versuche aus meiner Firma eine kleine Schweiz zu formen. Dort entscheidet das Volk, was ge-

macht wird, von ihm geht alle Macht aus. Und es gibt Referenden in den einzelnen Kantonen. So haben wir auch die Entscheidungsstrukturen in unserer Firma auf Projekte ausgerichtet. Faktisch gesehen sind die Mitarbeiter Partner der Firma.

Sie bieten Ihren Mitarbeitern also Mitbestimmung?
Von unseren Managern hängt das ganze Projekt ab: Sie sind dafür verantwortlich, die Aufträge zu holen, das Projekt zu realisieren und am Ende ein Plus zu machen. Dafür bekommt der Projektleiter 50 Prozent des Gewinnes – das ist natürlich sehr stimulierend. Seit wir zu diesem System gewechselt haben, wenden sich viel weniger Mitarbeiter an mich, um Prämien zu fordern. Einfach weil sie sich das jetzt selbst erarbeiten können.

Wo haben Sie gelernt, so zu vertrauen?
Ich persönlich habe schon vor 18 Jahren verstanden, dass man nicht bloß seine ganzen Freunde und Kameraden aus Armeezeiten in die Firma holen kann, wenn man ein Business führt. Das ist eine Sackgasse. Mit den Jahren habe ich gelernt, gute Mitarbeiter auf Anhieb zu erkennen. Am meisten erfährt man natürlich, wenn man miteinander etwas trinken geht. Wir haben aber auch ein internes Headhunting. Dass bedeutet, dass Mitarbeiter, die sich bereits bewährt haben, ihre Kontakte aus ihrem früheren Geschäftsleben mit einbringen. In Russland ist es sinnlos, eine Stelle auszuschreiben, diese Erfahrung haben wir gemacht.

Was sind für Sie die Herausforderungen in Ihrem Job?
Im Mittelstand geht man unter, wenn man Fehler macht. Es ist nicht wie in der Politik, wo man sich hier jahrzehntelang Fehler erlauben konnte, ohne dass man deswegen gehen musste. Egal, ob das Land in den Ruin rutscht, die Politiker tragen dafür keine Verantwortung. Das sehen wir ja auch in der Griechenlandkrise in Europa. Da leidet das Volk, aber der Regierung passiert nichts. Das ist im Business anders.

Welche staatlichen Rahmenbedingungen brauchen Sie, um gut wirtschaften zu können?
Heute hilft der Staat dem Mittelstand zwar nicht besonders, aber was viel wichtiger ist: Er steht ihm auch nicht mehr im Weg. Er baut keine Hürden mehr. Die Unternehmensstrukturen in Russland sind den staatlichen etwa 15 Jahre voraus. Viele russische Unternehmer sind dem Staat vor allem in einem Punkt weit voraus: Verantwortung. Gegenüber den Mitarbeitern, der Firma, den Kunden.

Was verstehen Sie unter Verantwortung?
Die Mentalität der Russen hat sich verändert. Zwar nicht sehr schnell, aber doch entscheidend. Zu Zeiten der Sowjetunion waren immer die anderen schuld, wenn es Probleme gab. Meine Generation hingegen hat in den vergangenen Jahren verstanden, dass wir auch bei uns nach Fehlern suchen müssen. Die jungen Leute heute entscheiden selbst über ihr Leben. Sie verlassen sich nicht mehr auf den Staat. Sie vertrauen nur auf die eigenen Kräfte. Die Straßen sind vielleicht mancherorts noch schlecht in Russland, aber in den Köpfen hat sich etwas verändert.

Tjumen

Uferpromenade des Tura

ТЮМЕНЬ-2

Einwohner: 581.907 Einwohner
Entfernung zu Moskau: 2.120 km

Text: Wlada Kolosowa
Fotos: Olga Matweewa

Ja, es gibt ihn – den sibirischen Sonnenbrand. Es gibt auch sibirische Weintrauben und sibirische Melonen, sie reifen zum Herbst in den Treibhäusern der Enthusiasten und schmecken nach einem kurzen, intensiven Sommer. Dass die Wintertemperaturen in Sibirien oft unter 30 Grad minus fallen, wissen alle, aber wer hätte gedacht, dass das Thermometer im Sommer oft 30 Grad plus anzeigt? Die Sonne knallt auf die alten Holzhäuser mit Holzrüschen und auf die Plattenbauten. In den Glasfassaden der abstrus-modernen Giganten flimmert die Hitze. Junge Mütter schieben ihren Nachwuchs durch den belebten Stadtpark. Vor dem Gazprom-Tower schlecken Männer in Anzügen Eis.

Die Region Tjumen gilt als das Saudi-Arabien Russlands: 64 Prozent der Erdöl- und 93 Prozent der Erdgasvorkommen des Landes sind hier gelagert. Das Gebiet um die geschichtlich erste Siedlung in Sibirien hat heute das höchste regionale Bruttoinlandsprodukt Russlands. Aber auch die Freizeit kommt nicht zu kurz: Inmitten des architektonischen Puzzles baden »Tjumenzi« in einem kleinen Stadtsee – und jeder unbewachte Streifen Gras ist jetzt Strand. Die Schüler können sich glücklich schätzen, dass sie Ferien haben. Im Winter müssen sie zwar ab minus 30 Grad nicht zur Schule gehen – von Hitzefrei hat Tjumen aber noch nie gehört.

»Dummköpfe sind eine unserer Haupttressourcen.«

Aleksej Uschakow, 43, Regisseur, Schauspieler, Mikrochirurg

Dafür, dass Aleksej Uschakow für zwei lebt, bewegt er sich mit erstaunlicher Entspanntheit. Er spricht langsam, er bewegt sich bedächtig, er nimmt sich den ganzen Vormittag Zeit, um uns die Stadt zu zeigen. Dabei muss für ihn ein 48-Stunden-Tag in 24 Stunden passen: zwei Universitätsabschlüsse, zwei Karrieren, zwei Arbeitsplätze. Etwa fünf Stunden täglich unterrichtet Uschakow Mikrochirurgie an der medizinischen Universität, genauso viel Zeit verbringt er mit Arbeit am »Experimentellen Shakespeare-Theater« (EST), das er 2005 gründete. Danach: Aufführungen, Tourneen, Datscha, Theaterschule für Jugend, Windeln. Vor vier Monaten kam seine zweite Tochter zur Welt. Die erste ist schon erwachsen. »Ich bin 43, fühle mich aber wie 25«, sagt Uschakow. »Als wäre mir ein zweites Leben geschenkt worden.«

»Medizin war mein Lebenstraum, Theater zunächst ein Hobby«, sagt er. Schon früh interessierte er sich für beide Gebiete: In den Schulferien arbeitete Uschakow als Sanitäter, probte nachmittags beim Schultheater. Später schrieb er abends Hausarbeiten für sein Medizinstudium und nachts Sketche für *KWN* – einen landesweit geliebten humoristischen Wettbewerb. Uschakow wurde Mikrochirurg, spezialisierte sich auf Replantation von abgetrennten Extremitäten. In den »wilden Neunzigern« machte seine Abteilung dicht. Uschakow trauerte nicht lange und tat etwas, was er schon lange hatte tun wollen: Er fing ein Regiestudium an.

»Medizin und Theater haben mehr gemein, als man denkt. Medizin ist mehr Kunst als Handwerk: Der Arzt muss querdenken und oft improvisieren.« Viele Kreative seien Ärzte gewesen, etwa die Schriftsteller Anton Tschechow und Somerset Maugham. Die Truppe des EST besteht aus ausgebildeten Schauspielern, aber jeder hat einen Tagesjob. »Lustigerweise sind die meisten bei uns Ärzte. Medizin und Kunst haben mit Psychologie zu tun – beide heilen.«

Wichtig war Uschakow, dass diese Heilung auch die erreicht, die sonst kaum Zugang dazu haben. 2008 zeigte das Experimentelle Shakespeare-Theater zum ersten Mal eine Aufführung, die auf die Bedürfnisse von Schwerhörigen einging: Shakespeares *Sonette*. 2010 folgte ein Stück zum Hören und Anfassen für Blinde – in *Kis'* geht es darum, was mit Russland nach einem Atomkrieg passieren kann.

Diese Ausrichtung des EST wurde »soziales Theater« genannt – Theater, das auch für Menschen mit eingeschränkten Fähigkeiten offen ist. Zuschauern ohne Behinderung soll es an nichts fehlen: Alle Aufführungen haben Kostüme, Bühnenbild, Musik und Text, nur stehen diese nicht im Vordergrund. »Wir machen Theater für Blinde und Taube – das ist Quatsch«, sagt Uschakow. »Wir machen Theater für alle.«

Die Wahrnehmungseinschränkung der Zuschauer wird in die Handlung eingeflochten oder als Gestaltungsmittel eingesetzt: »Wir stellen nicht einfach eine Dolmetscherin für Gebärdensprache auf die Bühne.« So ist zum Beispiel die Hauptheldin in Shakespeares *Sonetten* taubstumm. Ihre Verzweiflung bringt sie mit Gesten zum Ausdruck, die jeder nachvollziehen kann, der einmal in einem fremdsprachigen Land verloren ging.

2012 wurde ein Stück für Kinder mit Sehbehinderung aufgeführt. In *Märchen des Trolls* sind die Zuschauer zu Gast in einer Höhle – einer Bühne zum Anfassen und Schnuppern. Ein kalter Wind bläst um die Beine, man riecht Moder, Rauch, hört Wind und Feuerknistern. Ein einsamer Troll, der längst der Gesellschaft abgeschworen hatte, grummelt zuerst ob des Besuchs. Dann freundet er sich doch mit den Kindern an, füttert sie mit Orangen und erzählt Märchen. Am Ende überreden sie ihn, mit an die Oberfläche zu kommen: ein Schritt, so schwierig wie für die Kinder der Gang ins Theater. »Normalerweise hüten sich Eltern davor, ihre Kinder ins Schauspiel mitzunehmen, damit diese sich nicht wie Outsider fühlen.« Für viele sei *Märchen des Trolls* die erste Aufführung ihres Lebens gewesen. »Es gibt in

Russland kein einziges Theater, das auf die Bedürfnisse solcher Kinder eingeht.«

Alle Aufführungen sind kostenlos. Das Geld kommt mal von einem Stipendium, mal von einem Mäzen, meistens aber aus der eigenen Tasche. Mütter und Frauen schimpfen, dass man ständig Geld aus der Familienkasse zieht. Aber am Ende sei es das immer wert, sagt Uschakow: »Die Kinder hingen wie Kletten am Troll. Das ist doch genau das, wofür man Theater macht.«

Der größte Traum ist eine eigene Bühne. Gerade laufen Verhandlungen mit der Stadt Tjumen, der Theatertruppe eine leerstehende Elektrofabrik zu überschreiben. Noch ist das Gebäude eine Ruine ohne Fensterscheiben. Die *EST*-Truppe will sie aus eigenen Mitteln renovieren. »Man sagt, Russland hat zwei Probleme: Straßen und Dummköpfe. Aber ich bin der Meinung, dass Dummköpfe eine unserer Hauptressourcen sind. Dummköpfe, das können auch Enthusiasten sein, die eine Sache anfangen, obwohl sie unmöglich scheint.«

»Das Pflichtbewusstsein ist auf beiden Seiten hoch.«

Ekaterina Matyuschkina, 31, Endokrinologin, Doktorandin

Ekaterina Matyuschkina arbeitet als Endokrinologin in einem staatlichen Zentrum für Veteranen – die meisten ihrer Patienten haben noch den Zweiten Weltkrieg erlebt. Nach ihrem Abschluss fing sie in einer privaten Klinik an, wechselte aber zur staatlichen Medizin, als ihr die Möglichkeit geboten wurde, mit älteren Menschen zu arbeiten: Diese interessieren und brauchen sie am meisten, sagt sie. Sie möchte im Bereich der Pathogenese promovieren, der altersspezifischen Krankheiten.

Ekaterina, laut dem russischen Statistikamt wird sich die Zahl der Rentner von 30 Millionen im Jahr 2010 bis 2030 auf 40 Miollionen erhöhen. Ist Russland darauf eingestellt?
Unsere Gesellschaft altert – wie alle in Europa. Momentan wird viel in ambulante Pflege und Verbesserung der Altersheime investiert. Aber immer noch wollen die wenigsten dorthin. Manche nennen Heimbewohner auch »obdachlose Eltern«. Viele Alte fürchten sich davor. Und wenn man ihren Söhnen und Töchtern stationäre Pflege nahelegt, heißt es oft: Was? Ich soll meine Mutter abschieben?

Russische Eltern gelten als besonders aufopferungsbereit. Unter anderem heißt es: »Kinder sind die Garantie des Alters.«
Das Pflichtbewusstsein ist auf beiden Seiten hoch. Ich kenne Familien, die jahrelang nicht in den Urlaub gefahren sind, weil zu Hause pflegebedürftige Angehörige lebten. Oder Großeltern, die auch nicht für einen Monat in ein Sanatorium fahren wollen, weil sie doch ihren »Kleinen« helfen müssen, die inzwischen selbst graue Haare haben.

In Deutschland heißt es: Wer rastet, der rostet.
Und in Russland sagt man: Unter einem liegenden Stein fließt kein Wasser. Ich glaube wirklich, dass manche Rentner zwischen den Beeten auf der Datscha ihren Seelenfrieden finden. Ich bin aber der Meinung: Man muss nicht immer schuften, um sich fit zu halten. Die vorige Generation hat gelernt zu arbeiten, aber nie gelernt, sich zu erholen.

Die Rente in Russland ist also nicht die »zweite Jugend«, in der man plötzlich viel Zeit für sich und seine eigenen Interessen hat.

Für einige kann es wirklich der zweite Frühling werden. Aber generell haben wir einen anderen Zugang zum Altern. Zum einen haben wir andere Lebenszyklen: Als ich mit 31 Mutter wurde, galt ich als Spätgebärende. Frauen gehen mit 55 in Rente, Männer mit 60. Altern bedeutet nicht Freiheit, wie in Europa. In der Eremitage in St. Petersburg sieht man vereinzelte Kunststudenten inmitten eines Meeres von grauen deutschen Rentnerköpfen. Ich frage mich: Wo sind die älteren Russen? Vieles geht auf die Mentalität zurück. Aber es gibt auch materielle und gesundheitliche Gründe.

Nach Daten der Weltgesundheitsorganisation für 2011 werden russische Männer im Durchschnitt 63 Jahre alt, die Frauen 75.
Ich bin der Meinung, dass die relativ kurze durchschnittliche Lebensdauer nicht nur auf das schlechtere Gesundheitssystem zurückzuführen ist, sondern darauf, was man selbst für sich tut. Ich forsche zum Beispiel über Altersdiabetes: Entgegen den Erwartungen werden Betroffene sogar älter als im Durchschnitt, weil sie sich plötzlich darum kümmern, was sie essen und trinken. Wir müssen den Menschen beibringen, dass der Arzt nicht der Verantwortliche für die Gesundheit ist, sondern ihr Helfer. Früher hieß es: Der Staat sorgt für dein Wohlbefinden. Jetzt muss es der Mensch selbst tun. Das ist auch besser so.

Sind Rentner die Verlierer der heutigen Zeit?
Nicht alle. Es stimmt: Die Renten sind kaum gestiegen, und manche von ihnen sind mickrig. Aber die Gesellschaft ist allgemein wohlhabender geworden. Die Kinder helfen viel. Meine Mutter ist 65. Sie könnte sich mit meiner Hilfe eine Auslandsreise leisten. Aber sie sagt: Jetzt bin ich zu alt. Was soll ich da? Ich habe alles hier. Einerseits bewundere ich die Selbstgenügsamkeit der alten Generation, andererseits wünschte ich mir, dass man seine Wünsche unabhängig von der Altersangabe im Pass verwirklichen würde.

Wo ist Ihre Mutter gerade?
Sie passt auf meine kleine Tochter auf. Ohne sie wäre es schwer, Kind und Karriere zu vereinbaren, oder Kind und Studium – was hier immer noch viele machen. Ohne Omas und Opas würde das so nicht funktionieren. Und dieses Gefühl, gebraucht zu werden, hält jung. Nach dem Motto: Ich darf nicht krank werden, ich habe doch die Datscha, ich habe doch die Kleinen.

Omsk–Nowosibirsk,

die Transsibirische Eisenbahn

Text: Wlada Kolosowa
Fotos: Olga Matweewa

Die Russische Eisenbahn ist ein eigenes Land in einem Land. Eine vakuumverpackte Welt, abgeschnitten von Alltagssorgen. Die Uhren ticken anders hier, der Maßstab dafür, was im Leben wichtig ist, verschiebt sich. Das Visum für dieses Land auf Rädern ist ein Bahnticket. Wer besonders weite Strecken vor sich hat, zieht auch mal für eine Woche hier ein: wohnt hier, schläft hier, liest Bücher, starrt aus dem Fenster, trinkt Tee, trinkt Schnaps, spielt Schach, selten Gitarre.

Wie ein Spinnennetz durchziehen die Schienen Russland. Durch Zeit- und Klimazonen hindurch rollen Wagen voll aneinandergereihter Zimmer. Ein »Coupé« ist ein etwa vier Quadratmeter großer Raum, mit einem kleinen Tischchen und vier Kojen – zwei oben, zwei unten. Das ist so etwas wie die zweite Klasse bei der Deutschen Bahn. Passagiere der ersten Klasse haben meist nur einen Nachbarn im Zugzimmer. In der dritten Klasse – dem *Platzkart* – gibt es fünf Reisegefährten – und keine Schiebetür, die den Schlafraum vom Durchgang trennt. Das kann laut werden. Und trotzdem: Nirgendwo auf der Welt schläft man besser und länger als in russischen Schlafwagen.

Ein 9.298 Kilometer langer Job

Polina Konowalowa, 20, Schaffnerin im Sommer, Studentin im Winter

Im Sommer mit der Transsibirischen Eisenbahn fahren – ein Traum für deutsche Studenten. Für Polina Konowalowa: ein Job. Im Winter studiert die Zwanzigjährige Zollwesen an der Staatlichen Universität für Verkehrswesen in Irkutsk. Von Anfang Mai bis Ende September fährt sie Zug, von Berufs wegen. Polina ist Schaffnerin.

Zum zweiten Mal ist sie dabei. In diesem Sommer ist »Irkutsk–Adler« ihre Strecke, ungefähr vom Baikalsee bis zum Schwarzen Meer und wieder zurück, insgesamt zehn Tage. Pro Fahrt ziehen 13.000 Kilometer an Polina vorbei: die Taiga, die Wiesen, ein grüner Ozean. Nur auf dem Meer kann man so weit fahren und scheinbar immer noch im gleichen Ort sein.

Nur ab und an wird das Endlosgrün von Häuschen mit Holzrüschen unterbrochen, und von Städten, deren Namen Ausländer meistens zum ersten Mal im *Lonely Planet* gelesen haben: Omsk, Nowosibirsk, Taiga, Krasnojarsk. »Ich kenne nur die Bahnhöfe«, sagt Konowalowa. »Aber die kenne ich gut.« Die Halte sind zu kurz, um in die Stadt zu gehen. Das Schwarze Meer an der Endstation sieht sie meist aus dem Zugfenster. Es gibt so viel zu tun, dass die Zeit höchstens reicht, um Lebensmittel für den Rückweg zu kaufen.

Den Zug aufräumen, Tickets kontrollieren, Snacks verkaufen und nach dem Rechten schauen – das sind ihre Aufgaben. Während ihrer Schicht regiert Konowalowa über einen Coupé-Wagen mit 34 Liegeplätzen oder über einen offenen *Platzkart*-Wagen mit 54 Passagieren. Eine Herrscherin, die selbst die Toiletten putzen muss. »Das beste Mittel gegen Müdigkeit«, sagt sie und lächelt ihr ernstes Lächeln.

Zwölf Stunden dauert eine Schicht, danach gibt es zwölf Stunden Pause – die Polina meistens im Schaffnerzimmer verbringt, das sie sich mit einem Kommilitonen teilt. Dort quatschen sie, kochen Hirsebrei in der Mikrowelle und braten Sonnenblumenkerne. Auch wenn das Ganze keine Spazierfahrt sei, Spaß habe sie oft. Nachdem Konowalowa geschlafen, die Uniform in Ordnung gebracht und gegessen hat, bleibt manchmal Zeit, die Schaffner in anderen Abteilen zu besuchen. Man sitzt zusam-

men, spricht über den Tag, trinkt. Tee, natürlich. »Alkohol und Rauchen sind tabu. Und wir halten uns dran«, sagt Polina. »Man kann keinen Mist bauen: Man repräsentiert seine Universität.« Da man auf vielen Teilen der Strecke keinen Telefonempfang hat, verabredet man sich per »Kette«: eine Art stille Post, die von Wagen zu Wagen, von Schaffner zu Schaffner geht und nur drei Minuten braucht, um den Zug zu durchqueren.

Auch mit Passagieren kommt sie öfter ins Reden: »Das gehört zu unserem Job.« Mit einer älteren Frau, die sie im Zug kennengelernt hat, hält sie immer noch Kontakt. Wenn sie nach Hause kommt, warten oft Freundschaftsanfragen in *VKontakte* – dem russischen Facebook. »Viele lesen das Namensschild und schauen dann nach.« Einmal hat sie einen Wagen voller Soldaten betreut, die unbedingt ihre Handynummer haben wollten. »Schreibt mir lieber Briefe«, winkte sie ab. Und tatsächlich: Einige Wochen später landeten sechs Briefe in ihrem Briefkasten.

Das Schaffnerprogramm hat in Russland Tradition: »Sogar unser Rektor ist mitgefahren«, erzählt Polina. Studentenschaffner gibt es in ganz Russland, allein an Polinas Universität nehmen 600 Menschen teil. Wer mitmachen will, muss einen dreimonatigen Kurs absolvieren, sechs Stunden täglich, sechs Tage die Woche, mit Fächern wie Psychologie und technischem Service.

Ausländer mit bunten Riesenrucksäcken erzählen ihr manchmal, wie malerisch sie die

Transsib finden. Die geschwungenen Teegläser. Die weiten Strecken. All die Schattierungen des Grüns: vom staubigen Stadtrasen-Grün bis zum Apfelkaugummi-Grün der Waldwiesen, so satt und unnatürlich, dass es fast die Zähne schmerzen lässt. Weltenbummler bekommen leuchtende Augen, wenn sie hören, dass die gesamte Transsibirische Eisenbahn 9.298 Kilometer abdeckt – ungefähr doppelt so viel wie die Strecke zwischen den Küsten der USA. Sie beneiden Polina dafür, dass sie in einem Sommer genug Kilometer zurücklegt, um zweimal die Erde zu umrunden. Polina selbst findet die Transsib nicht ganz so romantisch: »Beim ersten Mal habe ich noch aus dem Fenster geguckt«, sagt sie. »Aber für Russen ist der Zug eher ein Mittel zum Zweck, als dass der Weg das Ziel wäre.«

Nach zehn Tagen Fahrt bleibt Polina für zehn Tage in Irkutsk, bevor sie wieder in den Zug steigt. Pro Sommer bekommt sie etwa 1.500 Euro. »Wer besonders viel fährt, kann auch mal 2.500 Euro verdienen«, sagt sie. Aber sie will auch ein bisschen was vom Sommer haben. Unter der Sonne liegen und sie nicht nur an sich vorbeiziehen lassen. Baden. Irgendwohin fahren und anhalten, wenn *sie* es will. Ob sie sich vorstellen kann, irgendwann die Transsib zum Spaß zu fahren? »Eines Tages schon«, sagt sie. »Aber zuerst will ich ans Meer. Und am allerliebsten: einen Europa-Trip machen.«

Einwohner: 312.310
Entfernung zu Moskau: 497 km

Text: Jessica Schober
Fotos: Evgeny Makarov

So, wie der deutsche Ruhrpott bekannt ist für seine Zechen, steht Tscherepowez für ein Material: Stahl. Mit Severstal hat sich 1955 der zweitgrößte Stahlproduzent Russlands in der Gemeinde am Fluss Scheksna niedergelassen. Das Werk mit seinen gigantischen Hochöfen, Walzwerken und Lagerhallen macht die Stadt zu einem Gutteil aus, rund 35.000 Mitarbeiter sind hier beschäftigt. Gleichwohl ist es hier wie so oft an verkehrsgünstig gelegenen Industriestandorten: Tscherepowez ist keine schöne Stadt. Das findet zumindest eine Hotelbesitzerin, die anstelle einer Liebeserklärung an ihren Heimatort eine von vielen Legenden erzählt, woher die Stadt ihren Namen haben soll. Danach soll Katharina die Große hier einst mit ihrem Schlitten auf der Strecke liegen geblieben sein. Das Gefährt war gegen etwas Großes auf dem Weg gerumst. Die Zarin stieg überrascht aus und sagte: Oh, ein Schafsschädel, ein *tscherep owez*. In den letzten zehn Jahren ist hier in Tscherepowez immerhin ein neues Stadtzentrum mit Einkaufsmöglichkeiten entstanden. Zwei Eishockeystadien gibt es. Im Sport und in der Stahlindustrie darf Tscherepowez so sein, wie es ist: rau, aber fair.

Oktober-Brücke über dem Scheksna

Tscherepowez

»Wir haben uns gefühlt wie eine kleine Dynastie.«

Konstantin Makajew, 48, Mitarbeiter bei Severstal

Seit einem Vierteljahrhundert arbeitet er schon für den Konzern, in dem auch sein Großvater und Vater Arbeit fanden. Konstantin Makajew bedient bei Severstal einen der größten Stahlöfen Europas.

Herr Makajew, Sie kommen gerade aus der Nachtschicht. Was ist Ihre Aufgabe hier im Stahlwerk von Severstal?

Ich kontrolliere an unserem größten Ofen hier, ob die heiße Luft die vorgegebene Temperatur hat. Die kann bis zu 1.000 Grad heiß werden. Diese eingeleitete Hitze setzt alle Prozesse im Ofen in Gang. Als Ergebnis kommt bei dem Schmelzvorgang das Hauptprodukt Eisen heraus. Daraus wird dann Stahl produziert.

Und was wird daraus gebaut?

Unser Stahl wird weltweit in der Automobilindustrie gebraucht. Auch die Zulieferfirmen verwenden ihn für Armaturen und Kleinteile. Eigentlich wird Stahl überall benötigt, nehmen Sie hier diese Türklinke oder das Stuhlbein.

Wie hat sich Ihre Arbeit in den letzten 20 Jahren verändert?

Sie ist leichter geworden. Die Maschinen werden immer wieder modernisiert. Alle zehn Jahre machen wir eine Generalüberholung der Öfen. Sie werden praktisch neu gebaut.

Sie arbeiten jetzt seit 25 Jahren hier. Erinnern Sie noch, wie es hier früher war?

Ich durfte als kleiner Junge das erste Mal mit meinem Vater ins Stahlwerk. Da habe ich gesehen wie das Metall flüssig wird und herunterläuft wie Wasser, alles leuchtet, und die Funken fliegen. Mein Vater ist vor kurzem verstorben, aber wir haben es noch geschafft, ein letztes Mal gemeinsam mit meinem Sohn in die

Die Leninstatue im Park des Lenin'schen Komsomol

Fabrik zu gehen. Dann standen wir hier, drei Generationen Stahlarbeiter. Wir haben uns gefühlt wie eine kleine Dynastie.

Was haben Sie von Ihrem Vater gelernt?
Mein Vater war ein sehr aufrichtiger und sorgfältiger Mensch. Ich hoffe, dass das auf mich übergegangen ist. Lange schon bevor es hier im Werk die strengen Sicherheitsstandards gab, hat mein Vater mir eingebläut: Metall ist Metall. Wenn das mal kaputtgeht, kann man das immer wieder irgendwie aufbauen. Aber menschliches Leben eben nicht. Man muss deshalb sehr vorsichtig sein, bei allem, was man tut. Das versuche ich heute auch an meinen Sohn weiterzugeben.

Wie wichtig ist Ihnen Tradition?
Ich weiß: Ich bin nicht der Erste und werde nicht der Letzte sein, der hier steht und arbeitet. Mein Opa war auch schon Ingenieur im Kombinat in Nowokusnezk. Mein Vater hat 47 Jahre lang hier in Tscherepowez gearbeitet. Vielleicht klappt es ja, dass mein Sohn hier einmal arbeiten wird. Er ist jetzt 18 Jahre alt, wir haben noch nicht groß besprochen, was mal aus ihm wird. Aber ich gehe davon aus, dass er auch hier bei Severstal arbeiten wird.

Sind Sie stolz auf Ihre Arbeit?
Im Großen und Ganzen schon. Wenn der Ofen gut läuft, geht es uns allen gut. Meine Arbeit hält immer wieder kleine Herausforderungen für mich bereit. Manchmal muss ich mit dem Kopf arbeiten, weil irgendwo eine Maschine nicht nach dem geplanten Schema arbeitet. Und dann wieder muss ich auch mal mit den Händen anpacken, zum Beispiel wenn wir die Qualität des Rohmaterials und des Koks prüfen müssen.

Sie reden viel von diesem Ofen, ist er Ihnen wichtig?
Ein Ofen ist zwar ein unbeseeltes Objekt. Aber je mehr Zeit man damit verbringt, desto mehr ändert sich das. Wenn man sich mit dem Ofen richtig befasst und gut mit ihm umgeht, dann wird er es einem auch danken. Man muss der Sewerjanka rechtzeitig helfen, also, im technischen Sinne.

Der Sewerjanka helfen?
Ja, so heißt der Ofen hier, er wurde 1986 gebaut. Sewerjanka ist der größte Hochofen bei Severstal. Hier stehen mehrere Öfen in einer Reihe. Die fünfte dahinten ist die, die am besten gehorcht.

»Hockey ist harte Arbeit. Und Hockey ist mein Leben.«

Bogdan Kiselevich, 23, Eishockeyspieler

Bogdan Kiselewitsch hat nicht nur die Oberarme eines Eishockeyspielers. Er hat vor allem die Arme eines Gewinners. Er breitet sie aus wie das Lachen in seinem Gesicht. Kiselewitsch mag die ausladenden Gesten. Wenn er erzählt, wie er in seinem Sport erfolgreich wurde, dann nimmt er eine riesige Fläche auf dem karierten Sofa im Empfangsraum des Tscherepowezer Eishockeystadions ein. Seine Flügelspannbreite misst bestimmt zweieinhalb Meter.

Kiselewitsch ist Verteidiger bei Severstal Tscherepowez, einem Club, der in der Kontinentalen Hockey-Liga spielt. Als er mit drei Jahren in die Stadt kam, hat der Sport sein Leben verändert. Heute ist der muskulöse braunhaarige Mann, 23, »Verteidiger, das ist ein ziemlich taffer Job«, sagt er stolz. Er erzählt lebhaft, begeisternd. Er schaukelt die Arme, als trüge er eine Puppe, wenn er vom Kindsein in der Stahlstadt Tscherepowez erzählt. Und er wirft die großen Hände auf den Tisch, wenn er ernst wird. Eishockey bedeutet ihm alles.

Kiselewitsch kommt aus einfachen Verhältnissen. »Als ich mit meiner Familie nach Tscherepowez kam, hatten wir nichts. Meine Eltern, meine Schwester und ich wohnten in einer Einzimmerwohnung. Es waren die Neunziger, und keiner wusste, was werden würde.« Ein Glück sei es gewesen, dass die Eltern den sechsjährigen Bogdan auf einer guten Schule angemeldet und dann zum Sporttraining geschickt hatten. Beim Fußball wollten sie ihn nicht, er sei zu klein, sagte der Trainer. Beim Eishockey durfte Kiselewitsch bleiben.

Dass aus dem kleinen Jungen einer der erfolgreichsten Spieler der Stadt werden sollte, war nicht ausgemacht. Eishockey ist ein teurer Sport, Ausrüstung, Reisen und Coaching kosten viel Geld. »In Russland konnte man damals nirgendwo richtige Schlittschuhe kaufen. Ein Freund der Familie war aber Lkw-Fahrer, er brachte mir welche aus Finnland mit«, erzählt Kiselewitsch. Er strahlt noch heute, wenn er davon erzählt: »Das war wie drei Geburtstage auf einmal.«

Von nun an bestimmte der Sport auf dem Eis den Rhythmus seines Lebens. Zu den Hockeyspielen am Wochenende zu gehen, das sei damals besser als Theater gewesen. Die Frauen trugen ihren Pelz, die Männer ihre Anzüge, es war ein gesellschaftliches Ereignis. Um auch dem wöchentlichen Training seiner Lieblingsspieler zuschauen zu können, schwänzte Kiselewitsch manchmal sogar die Schule. Dann steckte er am Morgen ein Fieberthermometer zwischen die Heizungsrohre und simulierte eine Erkältung. Heute lacht er darüber.

Als Kiselewitsch im Teenageralter war, begann er in der professionellen Liga zu spielen, verdiente er plötzlich Geld. Mit gerade einmal 14 Jahren fuhr er nach Kanada, mit 500 Dollar in der Tasche. »Wir waren ja alle Arbeiterkinder. Es war das erste Mal, dass wir ins Ausland fahren konnten. Das war ein Riesenabenteuer«, sagt er heute lachend. Als er an dem Buffet in einem Hotel in den Niederlanden stand, konnte er kaum glauben, was es dort alles zu essen gab. Bogdan Kiselewitsch lud sogar die Deko-Ananas auf seinen Teller.

Heute pendelt er zwischen Stadion, Fitnessraum und Flughafen. Das Training bestimmt seinen Tagesrhythmus. In der Saisonvorbereitung ist er ausschließlich mit Eishockey beschäftigt. Krankheiten, Stimmungstiefs, Verletzungen, all das darf einem Profispieler nicht passieren. »Hockey ist harte Arbeit. Und Hockey ist mein Leben«, sagt Kiselewitsch.

Seine Reisen nach Spanien, Italien und in andere Länder haben Kiselewitsch erlaubt, einen Blick von außen auf seine Landsleute zu werfen. Er kann sich herrlich lustig machen darüber, wie viele Russen am Flughafen drängeln und stundenlang Schlange stehen. Oder wie russische Mütter ihren Kindern ständig Essen zustecken, egal ob sie hungrig sind oder nicht. Und doch redet Bodgan Kiselewitsch liebevoll von seinem Heimatland. »Hier kann man einfach atmen.«

Er könne sich nicht vorstellen, in Europa zu leben, da gebe es zu viele Regeln. Ein wesentlicher Unterschied von Russen gegenüber Europäern sei, dass manche von ihnen einfach weniger Pläne machten. Ein wenig wilder lebten. Er mag es, sich darauf einzulassen. »Es gab in meiner Karriere keinen Moment, in dem ich entschlossen habe, Profispieler zu werden«, sagt Kiselewitsch. »Wir Russen gehen einfach dahin, wo der Wind weht.«

Bogdan Kiselewitsch hat vor Augen, was auch aus ihm hätte werden können, ohne den Club, die Mannschaft. Manchmal kommen die alten Hockeyfreunde bei ihm vorbei, die den Sport damals aufgegeben haben. Sie klingeln dann bei Kiselewitsch an der Tür, manchmal quatschen sie ein bisschen. Sie tragen jetzt Pizza aus.

Ich glaube, meine Eltern wären stolz auf mich!

Alexej Mordaschow, 49, Unternehmer und Optimist

Text: Heino Wiese
Fotos: Katya Anokhina (oben), Evgeny Makarov (rechts)

Er sei kein Oligarch, sagt Alexej Mordaschow, sondern Unternehmer. Ihm gehe es nicht um Macht und politischen Einfluss, sondern sein Ehrgeiz sei, dass er Severstal zu einem international bedeutenden, modernen und wettbewerbsfähigen Stahlproduzenten machen wolle. Inzwischen ist Severstal weltweit eins der größten vertikal integrierten Stahl- und Bergbauunternehmen mit Beteiligungen in Russland, der Ukraine, Lettland, Polen, Italien, Liberia und Brasilien. Die Aktien des Unternehmens sind an der russischen Börse MICEX-RTS notiert, Global Depository Receipts sind an der London Stock Exchange vertreten. Das Stahlwerk »Severstal« beherrscht die Stadt Tscherepowez, seit es in den fünfziger Jahren dort als Staatsunternehmen der Sowjetunion begründet wurde. Das Gelände hat immense Ausmaße von 7km Länge und 5km Breite. Heute arbeiten immer noch mehr als 30.000 Menschen in dem Werk, und es gibt kaum einen Einwohner von Tscherepowez, der nicht auf irgendeine Weise mit dem Moloch in Berührung kommt.

Alexej Alexandrowitsch Mordaschow, dessen Eltern beide als einfache Arbeiter für das Stahlunternehmen gearbeitet haben, war 27 Jahre alt und Finanzdirektor von Severstal, als es ihm bei der Privatisierung der russischen Industrie durch die Jelzin-Regierung im Jahr 1992 gelang, 76 Prozent des Eigentums des damals verrotteten Kombinats zu erwerben. Und das scheint ein Glücksfall für die Region zu sein, denn er arbeitet seitdem daran, das Werk zu erneuern, und investiert jedes Jahr einen Großteil der Gewinne in die Modernisierung. Er engagiert sich im operativen Management und kümmert sich persönlich um Organisations- und Personalentwicklung. Vielen Mitarbeitern fehle, verursacht durch den gesellschaftlichen Umbruch, Verantwortungsbewusstsein, Leistungsbereitschaft und Qualitätsdenken. Dafür sei ein Lernprozess notwendig. Er setzt große Hoffnungen in das unternehmensinterne Bildungsprogramm »Gemeinsam mehr erreichen« und das Business-System von Severstal. Mordaschow glaubt an die nächste Generation und kümmert sich deshalb insbesondere um die Jungen.

Zu Deutschland hat Mordaschow eine besondere Beziehung. Seit er 1990 ein Praktikum in Österreich gemacht hat, spricht er Deutsch. 2000 wurde er zum Ansprechpartner der deutschen Wirtschaft in Russland und ist Mitglied der deutsch-russischen Arbeitsgruppe zu strategischen Fragen im Bereich Wirtschaft und Finanzen. Er ist an mehreren kleinen Unternehmen in Deutschland beteiligt, zum Beispiel am deutsch-russischen Start-up Innolume, das an neuen Anwendungen von Laserstrahlen im Medizin- und Kommunikationsbereich arbeitet. Außerdem hat er 2007 27 Prozent des Reise-

Die Statue am Platz der Metallurgen

veranstalters TUI erworben, der Russland helfen soll, die Touristikwirtschaft zu konsolidieren und weiter aufzubauen. Deutschland ist für Alexej Mordaschow auch Vorbild für wirtschaftlichen Aufschwung, soziale Verantwortung, Leistungsfähigkeit und Lebensqualität.

Diese Lebensqualität möchte Alexej Mordaschow auch für Tscherepowez herbeiführen. Das Durchschnittseinkommen bei Severstal liege mit 47.000 Rubel monatlich (Angaben aus dem Jahr 2013) schon weit über dem russischen Durchschnitt. Dadurch könne sich eine Mittelschicht entwickeln, die auch andere Ansprüche, zum Beispiel in Bezug auf Wohnraum, hat. Deshalb will er den Menschen in Tscherepowez auch bezahlbare Eigenheime und Förderprogramme für günstigere Hypothekendarlehen anbieten. Eine Tochterfirma von Severstal hat bereits entsprechende Konzepte ausgearbeitet. Auf die Frage, ob er daran glaubt, es noch zu erleben, dass Tscherepowez zu einer blühenden Stadt mit Lebensqualität wird, antwortet er lachend: »Sicher, ich bin doch Optimist!«

Wenn man den sympathischen Unternehmer, der einer der reichsten Russen ist, kennenlernt, ist man überrascht. Wo andere ihren Reichtum protzig zur Schau stellen, erlebt man einen bescheiden auftretenden Mann, den man auch allein, ohne Bodyguard, bei einem Coffee to go auf dem Jungfernstieg in Hamburg treffen kann und der zur Begrüßung sagt: »Hallo, ich bin Alexej.«

Ulan-Ude

Der »Schamanen-Berg« in Ulan-Ude

Einwohner: 404.426
Entfernung zu Moskau: 5.615 km

Text: Wlada Kolosowa
Fotos: Olga Matweewa

Die größte Glatze Russlands. 7,7 Meter hoch, 42 Tonnen schwer, steht mitten in Ulan-Ude ein Leninkopf – als sei er schon immer da gewesen und die Stadt drum herum entstanden und gewachsen.

Doch hier haben Kosaken schon 1666 eine Siedlung gebaut, um Steuern von der lokalen Bevölkerung einzutreiben. Heute ist Ulan-Ude die Hauptstadt der Republik Burjatien, das bis ins 17. Jahrhundert hinein zum mongolischen Imperium gehörte. Etwa ein Drittel der Einwohner der Republik sind Burjaten, eine mongolische Ethnie in Sibirien, und die meisten von ihnen sind Buddhisten.

Die traditionellen Teigtaschen Buuz und die geschwungenen bunten Dächer der Datsans – die buddhistischen Klöster – erinnern noch heute an die mongolische Vergangenheit.

»Ich wäre lieber eine Frau mit gleichen Chancen.«

Anna Skosyrskaja, 64, Abgeordnete des Hurals, Gründerin der Organisation »Frauen von Burjatien«

Es ist Samstag. Ein heißer, schwüler Julitag, an dem sich nichts bewegt außer Eisverkäufern und Ventilatoren. In diesem Büro arbeiten aber alle: Assistenten, Sekretärinnen, Freiwillige, ein Kameramann. Anna Skosyrskaja – graues Seidenkostüm, perfektes Make-up, makellose Maniküre – dreht einen Werbespot. Der Wahlkampf ist in vollem Gange, am nächsten Morgen wird sie zu ihrem Wahlkreis aufbrechen: Burgusin, eine 5.700-Seelen-Ortschaft, 315 Kilometer von dem Büro in Ulan-Ude entfernt.

Von einer Politik-Karriere hat Skosyrskaja nie geträumt. Wer mit acht Geschwistern in einer kleinen burjatischen Ortschaft aufwächst, hat wenig Zeit zum Träumen, der muss im Haushalt und im Garten anpacken, den Älteren helfen, auf die Jüngeren aufpassen. Mit zwanzig wurde Skosyrskaja Flugbegleiterin, danach arbeitete sie 17 Jahre lang bei Gossnab – dem staatlichen Verwaltungsorgan für die sowjetische Volkswirtschaft. Und zwei Jahre vor der offiziellen Rente, mit 53, wurde Skosyrskaja Abgeordnete des Hurals – des Parlaments der Republik Burjatien. »An Ruhestand war nicht zu denken. Ich habe immer gearbeitet, ich habe meine Kinder auf die Beine gestellt. Jetzt hatte ich endlich Zeit. Mein Leben lang habe ich Erfahrungen gesammelt – und die sollten verschwendet werden?«

Skosyrskaja wollte »Kräfte messen« und hat sich in ihrem Wahlkreis schließlich gegen elf Männer behauptet. »Burjatien ist eine orientalisch geprägte Republik, Frauen gelten hier immer noch als Hüterinnen des Heims«, sagt sie. »Solche Traditionen sind schwer zu brechen.« In dieser Wahlperiode gibt es sogar neun Frauen unter den 66 Abgeordneten des Hurals, in der letzten waren es nur vier. Und selbst die, die es geschafft haben, hatten es nicht einfach: »Man hörte uns zwar an, aber oft nicht hin«, erzählt Skosyrskaja. Dabei seien es die Frauen, »die softe Power«, die die Republik zusammenhalten. »Wir können besser mit Stress umgehen, sind weniger aggressiv und besser darin, zusammenzuarbeiten.«

2007 gründete Skosyrskaja »Frauen von Burjatien« – eine Organisation, die inzwischen über 2.000 Mitglieder hat und in 21 von 23 Landkreisen der Republik Burjatien vertreten ist. In der Absichtserklärung stehen Stichworte wie Gleichberechtigung, Chancengleichheit, Gesundheitsförderung, Lösung von ökonomischen und sozialen Problemen. Die Praxis sieht so aus: Laternen anbringen, ein Mini-Krankenhaus auf die Beine stellen oder einen Spielplatz bauen, Invaliden und Kriegsveteranen helfen oder eine eigene Zeitung herausgeben. »Oft geht es einfach darum, einen Platz zu haben, wo man sich aussprechen kann und ein offenes Ohr findet«, sagt Skosyrskaja. Ihre Organisation hat in jedem Landkreis Foren errichtet, in denen sich Frauen über Probleme austauschen können und zusammen nach Lösungen suchen.

Vor allem in Dörfern und kleineren Ortschaften müssen die Frauen zusammenhalten, sagt Skosyrskaja. Die Großstädte saugen die ländlichen Gegenden aus. Die Fläche von Burjatien ist fast so groß wie Deutschland, aber nicht einmal eine Million Einwohner leben dort. »Unsere riesige Fläche muss besiedelt bleiben. Es kann nicht sein, dass in der Hauptstadt fast die Hälfte der Bevölkerung wohnt, und der Rest ist Niemandsland.«

Auf dem Land fehlen Kindergärten, Krankenhäuser und Jobs, vor allem für ältere Frauen. »Wir können strukturelle Probleme nicht bekämpfen. Aber manchmal reichen schon Kleinigkeiten.« Ein Freizeitzentrum. Selbstorganisierte Kinderbetreuung. Qualifikationskurse. Dank »Frauen von Burjatien« gibt es in Burgusin seit kurzem Computerunterricht für ältere Frauen. »Jetzt können sie mit ihren Enkeln und Kindern in den sozialen Netzwerken sprechen.«

Ob sie Tipps für Frauen hat, die in die Politik wollen? »Zäh sein. Fallen und sofort aufstehen. Das können Frauen gut«, sagt Skosyrskaja. »Ich biege mich manchmal – aber ich breche nicht.« Oft musste sie das Doppelte wie die Männer leisten. Und trotzdem: »Ich wünsche mir nicht, ein Kerl zu sein. Ich wäre lieber eine Frau mit gleichen Chancen.«

Wladiwostok

Uliza Swetlanskaja

Einwohner: 592.034
Entfernung zu Moskau: 9.127 km

Text: Wlada Kolosowa
Fotos: Olga Matweewa

Auf Russisch heißt Wladiwostok »Beherrsche den Osten«, im benachbarten China: Hǎishēnwǎi – »die Seegurkenbucht«. Wladiwostok wird vom japanischen Meer umspült, das Gebiet der Hafenstadt umfasst eine Fläche von 55.000 Hektar und etwa 50 Inseln. Die chinesische Grenze ist nur 150 Kilometer entfernt, bis nach Moskau sind es 9.298 Kilometer mit der Transsibirischen Eisenbahn: Zwischen der Hauptstadt und Wladiwostok liegen sieben Zeitzonen. Chinesische Jiǎozi (Teigtaschen) sieht man in Wladiwostok genauso häufig wie Pelmeni, die meisten Autos haben das Steuer auf der rechten Seite – Wladiwostok ist der Hauptumschlagplatz für japanische Fahrzeuge.

Vor wenigen Jahren noch galt Wladiwostok als vergessener Außenposten im Fernosten. Doch die Stadt wurde für den APEC-Gipfel 2012 (Asia-Pacific Economic Corporation) herausgeputzt: Neue Straßen wurden gebaut, Uferpromenaden ausgebessert, die weltweit größte Schrägseilbrücke verbindet das Festland mit der nahe gelegenen Insel Russkij. Mit mehr als einer halben Million Einwohnern fühlt sich Wladiwostok wie eine Metropole an. Und darüber, dass man so weit von der Hauptstadt entfernt ist, ist hier kaum jemand traurig. »Wenn wir schon betrunken mit dem Gesicht im Salat schlafen, schnippelt man ihn in Moskau erst.«

»Sprechen, sprechen und noch mal sprechen.«

Sweta oder Sun In, 26, Ladenbesitzerin

Sweta – ihren neuen Namen hat sich Sun In selbst ausgesucht. »Swetlana bedeutet: ›die Helle‹«, erklärt sie in fast akzentfreiem Russisch. »Und Licht kann man hier nicht genug haben – russische Winter sind lang.« Sweta sitzt an der Kasse ihres Ladens am Sportivnij-Markt. Chinakohl und Ingwer liegen neben Kartoffeln und Roter Bete, Sojasoße neben Dreilitergläsern Mayonnaise, Seegras-Cracker neben Baranki, den russischen Kringeln aus hartem Teig. Hinter Swetas Rücken lächelt Cai Shen Ye von einem Poster, der chinesische Gott des Reichtums. Vor ihr liegt das Russisch-chinesische Wörterbuch.

»Lernen, lernen und noch mal lernen – das hat doch dieser wichtige Russe Lenin gesagt. Und ich sage: Sprechen, sprechen und noch mal sprechen.« Sweta lässt keine Gelegenheit aus, ihr Russisch mit einem Schwatz aufzubessern. Alle paar Minuten platzen Verkäuferinnen aus benachbarten Miniläden herein: »Swet, kannst du mal 'nen Tausender wechseln?« – »Swet, hast du noch diesen Grüntee in Dosen?« – »Swet, ich geh Eis holen, willst du eins?« Sie plauscht mit jedem. Sie hat in der Schule angefangen, Russisch zu lernen und liebt die Sprache. Nur *Mat* mag sie nicht, die vulgären Kraftausdrücke, die je nach Kontext Fluch sein können oder einfach Emotionsüberschuss. »Aber ich kann *Mat* – und wie!«, sagt sie. Wer sich hier am Sportivnij-Markt durchsetzen will, muss früh *Mat* lernen.

Mit 21 kam sie nach Wladiwostok, arbeitete sieben Tage die Woche als Verkäuferin, teilte sich das Zimmer mit fünf anderen Chinesen. Nach einem Jahr konnte sie einen eigenen Laden mieten und ein Einzelzimmer bei einem chinesischen Vermieter. Sohn, Eltern und Ehemann sind in Suifenhe geblieben, einer Kleinstadt an der russisch-chinesischen Grenze, etwa 150 Kilometer nordwestlich von Wladiwostok. Der fünfjährige Sohn und ihr Mann, Liu Wei – »Sascha« – kommen manchmal zu Besuch. Sie fährt selten nach Hause: »Nur um das Visum neu zu beantragen oder wenn es meiner Mutter nicht gut geht.«

Seit Sweta ihr eigenes Geschäft führt, bleibt ihr kaum eine freie Minute. »Wer selbständig ist, arbeitet zwar für sich selbst, dafür aber ständig«, sagt sie. Von Wladiwostoks Sehenswürdigkeiten hat sie fast nichts gesehen. Nur manchmal erlaubt sie es sich, den Arbeitstag um fünf zu beenden und am Meer spazieren zu gehen. Zeit ist Geld. Und sie hat nur noch zwei Jahre, um Geld zu sparen. Sie möchte nach China zurückkehren, bevor ihr Sohn eingeschult wird: »Dann sind die Eltern am wichtigsten.« Mit dem Geld, das sie in Russland verdient, will sie in Suifenhe ein Internetcafé aufmachen.

Heimweh plagt sie nicht, nur Sehnsucht hat sie nach ihrem Sohn und der Familie. Sachen wie Essen vermisst sie nicht: Russische Pelmeni findet sie zwar ungenießbar, dafür ist der Sportivnij-Markt voller chinesischer Imbisse und Restaurants. »Anja und Valera« heißt der eine, »Lena und Iwan« der andere. Mit solchen Namen will man das russische Publikum anlocken, das die chinesische Küche wegen ihrer Würze und der riesigen Portionen schätzt.

Während des chinesischen Neujahrs ist der Sportivnij-Markt so gut wie leer. Zahlreiche Schustereien, Friseursalons, Nagelstudios werden von Chinesen betrieben. Die Mitarbeiter nennen sich Vanja, Kolja, Borja – auch wenn ihr Nachnahme oft Li ist. Sie sprechen meist gut Russisch, aber wenn es so heiß ist wie heute, sitzen sie vor den Cafés und rollen ihre T-Shirts nach chinesischer Art bis zum Brustansatz hoch, lassen sich die Sonne auf die Bäuche scheinen und trinken grünen Tee. Ab und an läuft das Marktmaskottchen vorbei, ein kleiner Hund namens »Banza« – *Geld* auf Chinesisch.

»Alle sind nett«, sagt Sweta. »Nur die Polizisten sind dreist, holen sich kostenlos all das Essen und wollen noch Geld obendrauf.« Ansonsten hat sie an Russland nichts auszusetzen, hier am Markt habe sie Freundinnen gefunden. »Ich hab's vorher nicht gedacht, aber die Chinesen sind echt in Ordnung«, sagt Swetas Arbeitskollegin. »Von ihrer Arbeitsmoral und Geschäftstüchtigkeit sollten sich die Russen ein Stück abschneiden.« Dann zeigt sie das Geschenk, das sie für Swetas Sohn vorbereitet hat: eine Plastikkatze, in deren Bauch ein Taschenrechner eingebaut ist – schließlich soll auch der Sohn früh Geschäftstüchtigkeit lernen. In zwei Monaten kommt er wieder zu Besuch. Sie wird ihm sein Lieblingsessen kochen: russisches Kartoffelpüree.

Das letzte Tattoo

Anton Kuklin, 27, Matrose, Ingenieur der Fischindustrie, Boxer, Banker

Denkmäler in Tinte – Tattoos. Das erste, an der Schulter, ist ein krakeliges Tribal-Muster. Selbst entworfen mit 17 und gestochen mit einer selbstgebastelten Maschine aus einer Kugelschreiberhülse, angespitztem Draht und batteriebetriebenem Mini-Motor. Ein halbes Jahr lang ist Anton im Hochsommer mit langärmligem Shirt herumgelaufen, um das Tattoo vor seiner Mutter zu verstecken.

Mit 18 das zweite Tattoo, eine Liebeserklärung quer über den ganzen Bauch: »Annette, je t'aime«. Annette, eigentlich Anja aus dem Nachbarhaus, war seine erste Liebe. »Ich habe das Tattoo mit Absicht am Körper gelassen, als Andenken daran, dass man seine Gefühle erst testen soll«, sagt Kuklin. Er und Anja sind nach nur nach ein paar Wochen zusammengezogen »und haben schnell festgestellt, dass die Liebe wenig mit amerikanischen Filmen gemein hatte«. Nach einem halben Jahr gingen sie auseinander.

Das dritte Tattoo ist eine Kampfmaske, mit hohlen Augen, wilder Mähne und scharfen Zähnen: »Ich wollte einschüchtern. Und auf keinen Fall zeigen, wie viel Schiss ich selbst hatte«, sagt Kuklin. Er war damals 19 und musste zum ersten Mal in seinem Leben lernen, Niederlagen einzustecken. Bis dahin sei ihm im Leben vieles zugefallen, sei halb unwillkürlich passiert. In der Schule saß er meistens in der »Kamtschatka«, der letzten Reihe, in der man ungestört Unsinn machen konnte. Danach hat er eine Matrosenausbildung angefangen. Wegen der Sehnsucht nach dem Meer? »Nein, weil das Technikum direkt vor der Haustür war.«

Durch seine Ausbildung ging Kuklin im Halbschlaf und im Halbrausch. Nach dem Abschluss plante er sowieso, mit Kumpels zur Armee zu gehen. »Aber am letzten Tag sagte der Klassenlehrer: So, Jungs, heute letzte Chance, um sich für die Uni anzumelden, wer will?

Plötzlich habe ich die Hände meiner Kumpels hochschnellen gesehen – und meine eigene dann auch.«

Kuklin schrieb sich für den Studiengang »Ingenieur der Fischindustrie« ein – wegen des niedrigen Numerus Clausus. Und wieder lümmelte er vor sich hin und driftete durch die Tage. »Bis mir jemand die Fresse polierte. Und mich aufweckte. Zum Glück.«

Am ersten Unitag schrieb sich Kuklin für das Kickboxing-Team der Uni ein, schwänzte aber in üblicher Manier die ersten Wochen des Trainings. Als er zum Wettkampf fuhr, dachte er, dass er das auch so hinkriegen würde: »Ich habe oft auf der Straße mit den Händen gefuchtelt, wurde respektiert in meiner Clique.« Doch prompt wurde ihm als erster Gegner der regionale Champion zugeteilt – »ein Kraftbolzen, der mir sofort die Lichter ausknipste«. Und acht – und neun – und ... Kuklin stand auf und landete nur wenige Sekunden später wieder auf dem Boden. Heute ist er für den doppelten Knock-out dankbar. »Der hat mir was im Kopf repariert. Ich habe kapiert: Wenn du etwas willst, musst du dafür kämpfen.«

Seit diesem Tag trainierte er sechs Tage die Woche, gewann Wettkämpfe, verlor Kämpfe, brach Herzen und Nasen, sein Handgelenk und sechs Fingerknöchel. Als Kuklin nach den Abschlussprüfungen den Rucksack für die Armee packte, legte er die Boxhandschuhe hinein. Die musste er gleich am ersten Tag herausholen – und hat sie im ersten halben Jahr kaum weggelegt. Wie erwartet, alle wollten den Neuling testen. »Vormittags im Schlamm robben, abends prügeln. Keine gute Zeit, dafür habe ich Freunde fürs Leben gefunden. Aus dieser Zeit stammt auch das Tattoo am Innenarm: »Alles, was passiert, passiert zum Besten.«

Das nächste Tattoo war das Gesicht einer Frau – nein, nicht die nächste Annette, sondern Kuklins »Amulett«, das ihn vor Dummheiten abhalten sollte. Denn nach der Armee war sein Weg alles andere als gradlinig. Er fing ein Sportstudium an und brach es wieder ab, arbeitete als Sportlehrer in einem privaten Kindergarten und schuftete auf dem Bau. »Ich habe

so viele Jobs ausprobiert, war vollkommen rastlos«, erzählt Kuklin. Die einzige Konstante war der tägliche Stapel Bewerbungen, die er losschickte. Und der Sport. »Ich habe gelernt, meinen Körper aufs Äußerste zu treiben, wie ein Auto, bis es rattert und sich beschwert. Und dann schalte ich noch einen Gang hoch.«

Nächste Woche fährt er zum Wettkampf. Wenn er den gewinnt wird er *Master Sporta* – eine staatliche Auszeichnung für erfolgreiche Sportler in Russland. Das ist seit Jahren Kuklins Traum. Danach will er endlich in den Urlaub. Aber nur wenn die Arbeit es zulässt: Der Stapel Bewerbungen hat sich nämlich ausgezahlt. Inzwischen arbeitet er seit zwei Jahren bei einer Bank. »Ich bin so ein Herumtreiber gewesen früher«, sagt Kuklin. »Wer hätte gedacht, dass aus mir ein solch vorbildliches Office-Plankton wird?« Manchmal, da drängt es ihn, alles hinzuschmeißen und neu anzufangen, oder einfach wegzufahren. »Seit zwei Jahren ist jeder Morgen gleich: Hemd, Krawatte, Kaffee, guten Morgen.« Und trotzdem: Verantwortung zu übernehmen und bei einer Sache voll dabei zu sein sei auch ein Abenteuer. Sein letztes Tattoo sind zwei Boxer im Kampf. Und ein Satz darunter: »Der härteste Kampf ist der gegen dich selbst.«

Stadtansicht vom Glockenturm der Sophien-Kathedrale

Wologda

Einwohner: 301.755
Entfernung zu Moskau: 463 km

Text: Jessica Schober
Fotos: Evgeny Makarov

Wologda hätte Moskau sein können. Wäre da nicht dieser Backstein gewesen, der ausgerechnet Iwan dem Schrecklichen auf den Kopf gefallen sein soll. Aus Wut über den Ziegel verließ der Zar den Ort, den er eigentlich zur Hauptstadt seines Reiches machen wollte. Wahrscheinlich ein Glücksfall für Wologda, das heute eine zurechtgemachte russische Kleinstadt ist. Die Hauptstraße ist gesäumt von Bäumen, die Autos parken akkurat am Rand des Kopfsteinpflasters, kleine Türmchen und liebevolle Schnitzereien an Giebeln und Fensterläden zieren die Holzhäuser.

Wegen seiner Vergangenheit als einstiges Zarendomizil stehen in Wologda aber noch heute einige Gebäude, die so gar nicht nach Provinz aussehen. Der zentrale Kreml beherbergt ein wunderschönes Kirchenensemble. Barock neben Gotik, Klassizismus grenzt an Kremlmauern, daneben die prächtige Sophienkirche. In deren Kirchturm führen fast 300 Holzstufen auf einer schmalen Treppe bis in die Kuppel. Die größte Glocke im Turm ist sieben Tonnen schwer und kommt aus Lübeck. Von dort oben blickt man auf eine Stadt, die mehr grün als grau ist. Innerhalb der Kremlmauern wird heute nicht mehr regiert, sondern gefeiert. Im Sommer vor allem Hochzeiten. Dann ertönen die »Gor'ko, gor'ko«-Rufe, die einen Kuss des Brautpaares verlangen – der wortwörtlich alles Bittere wieder süß machen soll. In einem Innenhof wird junges europäisches Kino gezeigt, auf einer Open-Air-Bühne findet jedes Jahr ein Blue-Grass-Festival statt.

Die Entdeckung des öffentlichen Raums: »Es ist eine neue Kommunikationskultur entstanden.«

Maxim Petrajew, 38, Künstler und Visionär

Trickfilme, Animationen, Videokunst – das ist die Welt von Maxim Petrajew. Der gelernte Ingenieur organisiert ein Festival für Animationsfilme. Nebenbei beobachtet der 38-Jährige genau, wie sich seine Wahlheimat Wologda verändert. Wir treffen uns im »Container«, einem Co-Working-Space auf einem alten Fabrikgelände. Hier haben junge Kreative einen Ort zum Austausch eingerichtet. Die Wände sind mit diagonalen Holzpaneelen und rotem Wellblech verkleidet, schwarze Designerlampen hängen von der Decke, jemand hat mit Kreide auf die mit Tafelfarbe bepinselten Wände gekritzelt.

Maxim Petrajew, Sie sind in Weißrussland geboren, haben in Tschechien und in der Ukraine gelebt. Vor kurzem sind Sie per Anhalter nach Jerusalem getrampt. Das alles will so gar nicht zu jemandem passen, der sich die Kleinstadt Wologda mit ihren 300.000 Einwohnern als Heimat ausgesucht hat.

Ich lebe seit 18 Jahren in Wologda. Und ich kann sagen: Das Wichtigste an einer Stadt sind die Menschen. Seit längerem spüre ich hier ein hohes Energie-Level. Ich habe verstanden, wenn ich meine Pläne umsetzen will, ist Wologda ein guter Ort dafür. Seit über zehn Jahren organisiere ich das Multimatograf-Festival für die Macher von Animationsfilmen. In Moskau oder St. Petersburg wäre das wahrscheinlich untergegangen. Hier konnte ich das auf so ein Niveau anheben, dass es heute in einem Atemzug mit internationalen Animationsfilm-Festivals genannt wird.

Worum geht es bei dem Festival?

Wir machen einen Wettbewerb, in dem Kurzfilme und Multimediaprojekte ausgezeichnet werden. Und es gibt Seminare von angesehenen Referenten, zum Beispiel über die Feinheiten des 3D-Mapping. Wir haben Grafik-Tablets ausgestellt, an denen Jugendliche sich im Grafikdesign ausprobieren konnten. Und die Kinder konnten Knetfiguren formen, die dann abfotografiert und zu einem Clip zusammengeschnitten wurden.

Welche Rolle spielt das Multimatograf-Festival für Wologda?

Um die Jahrtausendwende sind viele Jugend-

liche in die großen Städte gezogen. Wir wollten zeigen, dass man hier auch Großes erreichen kann – aus eigener Kraft. Ich will den Leuten klarmachen, dass sie nicht warten müssen, bis der Staat etwas unternimmt, sondern dass sie selber aktiv werden können. Wenn einem der Innenhof im Haus nicht gefällt, dann – zack – trommelt man ein paar Leute zusammen und verschönert das Ganze.

Woher kommt diese Aktivität? Was verändert sich in der russischen Gesellschaft?
Das bürgerliche Selbstbewusstsein in Russland hat sich entwickelt. Das findet seine Ausdrucksform nicht nur in Straßenprotesten. Es gibt auch kleine Anzeichen dafür, dass sich etwas tut. Mittlerweile fragen Freiwillige aus allen Regionen Russlands, ob sie bei unserem Festival helfen können. Oder nehmen Sie doch diesen Ort hier, an dem wir uns treffen …

Was ist das für ein Ort?
Wir sitzen in einem Co-Working-Space, in dem sich alle jungen Leute der Stadt treffen. Hier gibt es einmal im Monat eine Veranstaltung mit dem Namen »Petscha Kutscha«, das ist ein japanisches Format. Da kann jeder seine Pläne vorstellen, zum Beispiel eine Reise, eine Business-Idee, ein Buch. Die Vorgabe ist: mit 20 Folien und je 20 Sekunden Zeit pro Folie sein Projekt zu erklären. Das zieht wahnsinnig viele Leute an. Man merkt, dass die Menschen wirklich Interesse daran haben, sich auszutauschen. Sie sehnen sich nach Kommunikation, auch über die Grenzen ihrer Community, ihrer Stadt und ihres Landes hinaus.

Woher kommt dieses Interesse?
Das ist ein weltweiter Trend, der sicher auch mit der Verbreitung des Internet zu tun hat. Die meisten Menschen arbeiten heute online, aber immer mehr wollen auch offline, vor Ort, in ihren Communities, nicht auf ein Netzwerk verzichten. Damit ist eine Kultur der Unterhaltung, der Kommunikation entstanden.

Wo macht sich das in der Stadt bemerkbar?
Überall. Manche Uniprofessoren in Wologda halten jetzt öffentliche Vorlesungen, jeder kann dann kommen und mithören. Die Leute fahren auch viel mehr Fahrrad, ich bin selber begeisterter Radler. Dann gibt es BMX-Fahrer oder Skater. Die haben eigene Orte, an denen sie sich treffen können. Wenn das Wetter gut ist, sieht man fast täglich Straßenmusiker oder Fotografen, die auf den Gehwegen kleine Ausstellungen machen und ihre Arbeiten zeigen. Wenn es regnet, und das tut es oft, dann gibt es die sogenannten Time-Cafés. Das sind Orte der Begegnung, dort gibt es Kaffee, Tee, Kekse, Internet und Sofas. Man zahlt einen bestimmten Betrag pro Minute und darf dort einfach sein.

Wie muss ein Ort beschaffen sein, damit Menschen sich dort begegnen können?
Gute Frage. Es muss eine Möglichkeit geben, Spuren zu hinterlassen und den Raum zu verändern. Mancherorts gibt es beschreibbare Wände, man kann seine Hand in Farbe tauchen und physisch einen Abdruck hinterlassen oder Poster, Ideen und Postkarten aufhängen – bis der Nächste kommt und dort auch seine Spuren hinterlässt. In Wologda gibt es inzwischen auch ziemlich viel Streetart. Vor ein paar Jahren fing zum Beispiel eine Gruppe Jugendlicher an, mit Sprühdosen die Gullydeckel in der Stadt mit Weltkugeln oder Marienkäfern zu bemalen. Als die Stadtverwaltung davon Wind bekam, hat sie die Graffiti nicht etwa beseitigen lassen, sondern eine Art Wettbewerb gefördert und angeregt, die Gullys weiter anzumalen.

Woher kommt die Sehnsucht nach neuen Ausdrucksformen?
Ich glaube, das ist ein Zeichen postindustrieller Gesellschaften. Wenn die primären Bedürfnisse nach Wohnraum und Nahrung gedeckt sind, dann entwickelt sich bei den Menschen ein Bedürfnis nach Selbstverwirklichung. Es gibt viele künstlerisch aktive Leute, die einen Raum brauchen, um sich auszudrücken. Wenn die Stadt den Leuten einen solchen Ort nicht bieten kann, dann ziehen die meisten weg. Ein Glück, dass es hier anders ist.

Maxim Petrajew im Co-Working-Space »Container«

Russisches Feng-Shui

Natalia Kirschina, Direktorin des Freilichtmuseums

Klonk-klonk-klonk. Dieses Geräusch machen die Absätze auf dem jahrhundertealten Holz. Es sind die High Heels von Natalia Kirschina, einer schmalen brünetten Frau mit strenger Stimme. Die Direktorin des Freilichtmuseums Semenkovo in Wologda trägt heute ausnahmsweise ihr Business-Outfit und nicht das historische Kostüm, in dem sie sonst die Besucher durch das Architektur-Ensemble führt. Auf dem Gelände stehen Holzhäuser, die die Geschichte der russischen Landwirtschaft des Nordens nacherzählen.

Natalia Kirschina, wir stehen hier auf einem weitläufigen Gelände zwischen alten Holzhäusern. Wo kommen die alle her?
Die Häuser stammen aus der Region Wologda und wurden hier wiederaufgebaut. Das älteste ist aus dem Jahr 1870. Das sind sehr solide Häuser, der untere Teil war früher der Wirtschaftsteil. Die meisten sind so eingerichtet wie damals, aber in diesem einen, ältesten Haus hier planen wir gerade eine sehr moderne Ausstellung. Sie soll das Verhältnis von Bauern zur Macht dazustellen.

Warum ist das Ihr Lieblingshaus?
Weil ich mir die ganze Zeit den Kopf darüber zerbreche. Das ist in diesem Ausmaß ein einmaliges Projekt in Russland, wir haben IT-Spezialisten und Lichtinstallateure aus dem ganzen Land versammelt. Noch arbeiten die Handwerker, aber bald will ich hier die Geschichte der russischen Landwirtschaft in einen philosophischen Kontext einbetten.

Wie soll das gehen?
Wir verwenden historisches Material und Dokumente aus Archiven, die bisher noch nie gezeigt wurden. Wir arbeiten auch mit dem ethnografischen Museum in Köln zusammen. Es ist ein Experiment, den Raum so aufzuteilen. Normalerweise sind Ausstellungen in Russland so, dass man sich einfach ein Haus anguckt, wie es früher war. Aber um Besucher anzuziehen, oder wie man im Russischen sagt: um den Leuten eine Rosine zu bieten, haben wir uns etwas anderes überlegt. Das Museum ist wie ein Spiel. Wenn man zum Beispiel hier auf diese Fläche tritt, kommt eine Puppe hervor, die einem sagt, dass man die Schuhe wechseln soll.

Es wird also anstrengend?
Man soll hier physisch spüren können, wie schwer es früher war, zum Beispiel als Dorfältester eine Entscheidung zu treffen. Manche Besucher werden das vielleicht nur aus der Ferne beobachten, andere werden das Spiel annehmen, und manch einer setzt sich vielleicht wirklich hin und macht sich Gedanken.

Inwiefern entspricht das Leben, wie es hier gezeigt wird, noch dem heutigen ländlichen Leben in Russland?
Das ländliche Leben in Russland stirbt langsam aus. Natürlich wird versucht, die Jugend in den Dörfern zu halten, aber das ist sehr schwierig. Wenn Schüler aus der Stadt in unser Museum kommen, versuchen wir, sie erst mal nicht so zu überfrachten. Ich erinnere mich ja noch selbst sehr gut daran, wie es war, als Kind das erste Mal in so ein großes altes Bauernhaus zu kommen. Dieser Duft, die mächtigen Balken, es ist, als hätte sich das Holz mit Energie aufgeladen. Für die älteren Besucher ist das hier pure Nostalgie. Die wollen oft gar nicht mehr weg, weil sie so viel an früher erinnert.

Aber es sind letztlich ja nur ein paar Holzhäuser. Langweilt das nicht?
Man merkt: Auch wenn Besucher zunächst ablehnend ins Museum kommen und denken, sie hätten das alles schon gesehen, öffnen sie sich langsam. Bei den Menschen, die aus Moskau oder St. Petersburg kommen, spürt man ein großes Bedürfnis nach Ruhe und Entschleuni-

gung. Manche kommen einfach her, um sich zu erholen. In diesen Häusern ist ja nichts zufällig, alles erfüllt einen praktischen Zweck. Das ist sozusagen russisches Feng-Shui.

Das müssen Sie erklären!

Jeder Gegenstand steht in einem Kontext, den man erst mal lesen können muss. Hier diese Schüssel zum Beispiel, ganz schlicht, ein irdisches Gefäß. Die Form dient dem Aroma, das Material Ton ist ein Geschmacksträger. Der Topf steht aber auch stellvertretend für das Weibliche. Denn hier in der Küche haben ja vor allem Frauen gearbeitet. Bei einer russischen Hochzeit wurde deshalb ein solcher Topf zerschmettert, aus den Scherben hat man versucht, die Zukunft zu lesen. Die Anzahl der Scherben steht für die Anzahl der zukünftigen Kinder. Das ist also ein Symbol für die Aufnahme in die Erwachsenengesellschaft. Jedes Ding hier hat zwei Bedeutungen: Die eine erschließt sich aus der Funktionalität, die andere aus dem Kontext.

Sind die Russen ein nostalgisches Volk?

Na klar. Wenn wir uns alle an einen Tisch setzen, dann reicht ein Lied, und schon erinnern sich alle an früher und die Tränchen kullern. Aber auch Jugendliche interessieren sich heute wieder für Volkstänze, Folklore und traditionelle Kunst. Langsam heilt der Riss, der durch die russische Vergangenheit geht. Zu Sowjetzeiten wurde ein Großteil der ländlichen Kultur ausradiert. So sind weiße Flecken in der Erinnerung der Menschen entstanden. Viele wissen gar nicht genau, woher sie kommen und wie ihre Vorfahren gelebt haben. Durch sorgfältige Archivrecherche und durch Zeitzeugengespräche füllen wir diese weißen Flecken ganz behutsam wieder auf.

Einwohner: 1,02 Millionen
Entfernung zu Moskau: 968 km

Text: Jessica Schober
Fotos: Evgeny Makarov

Die Straßen in Stalingrad tragen noch die Namen der Generäle. Marschall Tschuikow, Marschall Rokossowski. Denkmäler und Erinnerungsplätze bestimmen das Stadtbild. »Pobeda«, Sieg, steht auf einem Plakat am Straßenrand. »Mat Rodina«, Mutter Heimat, die aberwitzig große Betonskulptur inmitten des riesigen Denkmal-Ensembles auf dem Mamajew-Hügel, zeugt noch von diesem Sieg – und von den vielen Gefallenen im Zweiten Weltkrieg. Die große Schlacht um Stalingrad fand hier statt, das ist auch heute kaum zu übersehen. Dabei hatte sich das moderne Wolgograd schon an seinen neuen Namen gewöhnt. Im Jahr des großen Veteranenjubiläums, 70 Jahre nach dem Krieg, trägt die Stadt zu Festtagen noch den alten Namen Stalingrad.

Sonst findet hier längst Alltag statt. Wer sich in der warmen Jahreszeit unter die vielen russischen Touristen in Flipflops und Shorts mischt, der kann der bedrückenden Stimmung an den Stätten der Erinnerung entgehen. Mit Blick auf die mächtige Wolga sausen Inlineskater auf den betonierten Wegen am Ufer entlang. Achterbahnen und Eisbuden erzählen von der Leichtigkeit des Sommers. Im Frühling verwandelt sich die Stadt gar in ein Blumenfeld: Erst blühen die Aprikosenbäume, dann der Flieder und schließlich die Kastanien. In dieser Zeit sollte man jene Straße entlangspazieren, die als erste nach dem Krieg gebaut wurde. Sie heißt »Straße des Friedens«.

Wolgograd

Gedenkstätte Mamajew kurgan mit Statue »Mutter ruft«

»Wir lachen, dawai, und dann werden wir wieder ernst.«

Dea Wrazowa, 73, »Such-Oma«

Dea Wrazowa hat viel Kraft. Das merkt man schon an ihrem Laufschritt. Mit dem Tempo der weißgelockten Frau kann kaum jemand mithalten. Sie rennt durch Kirowskij Rajon, einen Ort etwa 40 Minuten außerhalb von Wolgograd, und erzählt laut, fast schreiend, von den Schrecken der Vergangenheit. An dem Ort, der die Gräuel des Zweiten Weltkriegs wie kaum ein anderer symbolisiert, arbeitet sich die alte Dame mit Leidenschaft an der Geschichtsaufarbeitung ab: Hier stand eine Baracke, hier der alte Bahnhof.

Dea Wrazowa mag man nicht glauben, dass sie 73 Jahre alt ist. Sie trägt eine Camouflage-Hose, was ein bisschen seltsam aussieht zu ihrer altmodischen Bluse mit dem weißen Kragen. Es ist nicht etwa ein Modetrend, sondern Teil ihrer Arbeitskleidung, ihre Uniform sozusagen. Das Outfit lässt sie zur »Such-Oma« werden. So nennen sie hier zumindest alle. Dabei ist der Name eigentlich falsch, denn sie ist nicht Expertin fürs Suchen – sondern für das Finden.

Gefunden hat sie schon Veteranen, Grabsteine, Erinnerungen. Wrazowa ist so etwas wie die Hobby-Historikerin der Region. Am Anfang waren da nur die Fragen der Kinder. »Dea, wieso ist diese Straße nach einem General be-

Dea Wrazowa zu Besuch bei ihrer Freundin Zinaida Petrowna Stepykina

nannt, wer war das?« Sie konnte keine Antwort geben, begann zu forschen. Seitdem ist sie zum Stammgast in der kleinen lokalen Bücherei geworden und geht Anfragen aus aller Welt nach: Was geschah hier? Wo liegt mein Onkel? Wer kam hier um?

Doch für Details hat die Großmutter heute keine Zeit. Sie muss schnell laufen, sie hat so viel zu erzählen. Die Schule, der Kulturplast, die alten Baracken. Dahinten ging die Frontlinie durch. Der Bahnhof Beketowskaja, an dem 72 Menschen bei einem Luftangriff starben, davon zwölf Kinder. »Man muss doch die Geschichte des Ortes kennen, an dem man wohnt, seiner kleinen Heimat«, sagt Wrazowa. Kurz hält sie inne, lässt den Blick über die Tafeln mit den Namen der Verstorbenen wandern. Sie muss schlucken, wendet sich ruckartig ab. Und ist gleich wieder lustig. Zeigt einen nachgemachten Duma-Ausweis, den ihr einer ihrer Enkel geschenkt hat. Wrazowa will nicht in Schwermut baden. Wenn sie mal nicht redet, dann singt sie. »Wir lachen, dawai, und dann werden wir wieder ernst.«

Abstecher in die Bibliothek, es riecht nach Linoleum und altem Papier. Hier arbeitet Wrazowa an ihren Büchern. Alle ihre Werke stehen im Regal, jeder hier kennt sie. »Wir arbeiten für die Geschichte.« Beim Sprechen stößt ihre Zunge gegen ihre Zahnlücke. Die zwei kräftigen Frauen in bunt gemusterten Blusen, die hier in der Bibliothek arbeiten, nicken. »Wir müssen über den Krieg reden«, sagt Wrazowa, »Nicht jeden Tag und nicht mit Schuldzuweisungen. Aber wir müssen wissen, dass Krieg tötet.«

Wrazowa ist selber Kriegskind. Als kleines Mädchen hat sie mit ihren Eltern in einer Baracke gewohnt. Zu fünft schliefen sie in einem Bett. 1946 ist sie einmal über die Kirowskij Rajon geflogen und hat das Ausmaß der Zerstörung ihrer Heimatstadt von oben gesehen. Der Krieg bewegt sie heute noch, als wäre er gestern gewesen. Wenn sie ihn zu nah an sich heranlässt, muss sie Medikamente nehmen. Sie hat immer noch Albträume. »Viele Kriegskinder haben diese Angst«, sagt Wrazowa. Ihre weißen langen Haare sind zu einem Zopf geflochten, eine kleine Spange hält die Spitzen zusammen. Früher, erinnert sich Wrazowa, trug sie Bänder aus Ballonseide im Haar. Fallschirmseide, Reste vom Kriegsgerät der Deutschen.

Finale auf Wrazowas Stadtrundgang, ein besonderes Treffen steht noch bevor. In brütender Sommerhitze stapft die Frau in Flecktarn durch eine Schuttgrube auf ein mehrstöckiges Wohnhaus zu. Hier wohnt der Mensch, der Wrazowa immer weitersuchen lässt. Es ist die 91-jährige Zinaida Petrowna Stepykina. Sie hat noch selbst im Krieg gekämpft, heute kämpft sie gemeinsam mit Wrazowa für die Erinnerung. Die Veteranin war 17, als der Bombenhagel begann, sie arbeitete als Krankenschwester. »Ich erinnere mich häufig an früher«, sagt Stepykina. Die Geschichten der kleinen runzligen Frau klingen so unglaublich, dass sie wahr sein müssen. Ein Sowjetorden auf der Brust habe sie einst vor einer Kugel geschützt, erzählt Stepykina, sie hat ihn heute noch. Vor ein paar Jahren sei Putin da gewesen, er habe sich bei ihr bedankt für ihre Dienste. Stepykina, im bunten Blumenkleid, die Haut wie Seidenpapier, ist versöhnlich: »Ich hege keinen Groll gegen die Deutschen«, sagt sie. »Wir haben ja schon damals gemerkt, dass nicht alle Deutschen Faschisten sind, dass es verschiedene Menschen gibt.«

Auch Wrazowa muss jetzt seufzen. Beim Treffen mit der Veteranin ist sie weich geworden, lässt die Zeitzeugin erzählen. Stepykina nennt Wrazowa ihre Kameradin. Darauf ist die Jüngere so stolz, dass es sie zu Tränen rührt. »Wir kämpfen zu zweit für die Erinnerung«, sagt diese leise. Sie legt die Hände ineinander, sitzt gerade. Sie zeigt Fotos von Gefallenen, es gibt noch so viel Ungeklärtes. »Manchmal ist es wie eine Sucht, dass ich die Antworten finden will«, sagt Wrazowa. Sie ist wie ein Lawinenhund. Sie sucht Leben.

Jessica Schober, geboren 1988 in Frankfurt/Oder, studierte Soziologie und Politikwissenschaft und absolvierte die Deutsche Journalistenschule. Auf ihrer ersten winterlichen Recherchereise fuhr sie mit der Transsibirischen Eisenbahn ins russische Perm und wurde dort derart herzlich mit Schneebällen eingeseift, dass sie nie wieder von Russland loskam. Sie besuchte eine Politikwerkstatt in St. Petersburg und berichtete über ein Jugendcamp am Seligersee. Als Praktikantin im Korrespondentenbüro der *Süddeutschen Zeitung* erlebte sie Moskau 2012 zur Zeit des russischen Frühlings. Zwischen Präsidentenwahl und Pussy-Riot-Prozess berichtete sie von dort. Heute wundert sie sich immer wieder über dieses große Land – und will dringend wieder hin.

Evgeny Makarov, geboren 1984 in St. Petersburg, kam 1992 nach Deutschland, als die Familie aus Russland auswanderte. In Hamburg studierte er Soziologie und Politikwissenschaften, anschließend Fotojournalismus im dänischen Aarhus. Heute lebt und arbeitet Evgeny als freier Fotograf in Hamburg – und ist doch ständig unterwegs, am liebsten in Russland.

Im Stahlwerk von Tscherepowez konnte sich das eingeschweißte Reporter-Team beweisen: Der Hamburger Fotograf Evgeny Makarov und die Journalistin Jessica Schober reisten zusammen von Nord nach Süd durch die russischen Regionen.

Olga Matweewa (links) und Wlada Kolosowa (rechts) lernten sich in einer WG-Küche in Moskau kennen. Zusammen haben sie es weit gebracht. Ihr Endziel: Magadan am Ochotskischem Meer – knapp 6.000 Kilometer Luftlinie von der Hauptstadt entfernt.

Wlada Kolosowa kam 1987 in St. Petersburg zur Welt. Mit zwölf zog sie mit ihrer Mutter nach Deutschland und interessierte sich zuerst kein bisschen für ihr Heimatland, weil sie zu sehr mit ihrer Integration beschäftigt war – der Beherrschung von Kehrwoche, Recycling und *Wetten Dass …?* Nach dem Studium von Publizistik und Psychologie in Berlin erwachte das Interesse an Russland. Sie bereiste das Riesenland vom Schwarzen Meer bis zum Baikalsee. Die Reise hielt sie in einer Kolumne auf *Spiegel Online* fest. Das brachte ihr einen Buchvertrag und chronische Russland-Sehnsucht nach Pelmeni und Gesprächen über den Sinn, die sie seitdem zuverlässig in Richtung Osten treiben.

Olga Matweewa wurde 1986 in Moskau geboren. Während des Studiums der Politikwissenschaften nahm sie zum ersten Mal die Kamera in die Hand. Von diesem Moment an wurde die Fotografie für sie zum Schlüssel der Erkenntnis und Kommunikations-Tool bei der Interaktion und Rückkoppelung mit der Gesellschaft. Von 2010 bis 2013 studierte sie Projektfotografie an der Rodchenko Art School in Moskau. Aus der Synthese der beiden Bildungswege resultiert ihre Affinität zu Fotoprojekten aus dem politischen Umfeld. 2013 ist das Fotobuch *Home* erschienen, das der neuen politischen Identität im Kosovo gewidmet ist und das Ergebnis dreijähriger Beobachtungen der Fotografin in der Region darstellt. 2014 wurde in Wien das zweite Buch *Feud* herausgegeben, das die Kontexte der Ereignisse auf der Krim zu verarbeiten versucht. Olga Matweewa lebt und arbeitet in Moskau.

Heino Wiese – Unternehmer, Politikberater und Förderer der deutsch-russischen Beziehungen. Nach dem Studium der Germanistik, Politikwissenschaft und Volkswirtschaft absolvierte er sein Referendariat als Gymnasiallehrer für Deutsch und Politik an der Käthe-Kollwitz-Schule in Hannover. Danach arbeitete er als Bildungsreferent in der Managementweiterbildung und Organisationsentwicklung der Continental AG. Später übernahm er die Position des leitenden Geschäftsführers der SPD im Bezirk Hannover und anschließend in Niedersachsen. In 13 Jahren als politischer Geschäftsführer bekam er einen tiefen Einblick in die Prozesse regionaler und überregionaler Politik und erarbeitete sich ein breites Netzwerk in Politik und Wirtschaft. Nach vier sehr aufregenden Jahren im Bundestag hat er sich dann für die Privatwirtschaft entschieden und war in der Geschäftsleitung des Modekonzerns s.Oliver für den internationalen Vertrieb, vor allem aber auch für den Aufbau einer Ladenkette in Russland verantwortlich. 2006 gründete er das Beratungsunternehmen Wiese Consult, das Wieses Expertise in politischen und wirtschaftlichen Bereichen bündelt und sich in Problemstellungen der internationalen Beziehungen spezialisiert hat. Ehrenamtlich arbeitet Heino Wiese als Vorstandsmitglied des Deutsch-Russischen Forums mit. In Russland ist er seit vielen Jahren beruflich, aber auch privat unterwegs. Er versucht, dieses große und vielfältige Land zu verstehen und anderen näherzubringen.

corso*folio*: »Das Magazin der Extraklass die vom Reisen träumen.« DEUTSCHLANDFUN

»corso*folio*, das ist Flanieren mit offenen Sinnen: auf 160 fein gestalteten Seiten*, ein immer neues Entdecken von Unbekanntem wie Bekanntem in neuer Umgebung, von Verlockung und Sehnsucht.« NOVUM

Gastgeber:
MARTIN MOSEBACH

»Die Kreuzung aus Literatur und Journalismus spiegelt sich auch in der prächtigen Bebilderung wieder … ein buntdurchwirbeltes, verführerisches Buch …«
FRANKFURTER ALLGEMEINE ZEITUNG

Gastgeber:
MATTHIAS POLITYCKI

»London, Signale aus der Weltmaschine« vereint opulente Fotokunst, modernes Layout, anspruchsvolle Literatur und lebensnahe Reportagen. Ein exzellent gemischtes Schlaglicht auf die Metropole an der Themse.«
ABENTEUER UND REISEN

Gastgeber:
GEORG STEFAN TROLLER

»Am Ende des Magazins kann man diese Stadt spüren und fühlen und hat sie viel besser kennengelernt als bei einem Besuch.«
FRANKFURTER RUNDSCHAU

*Hier ein paar Beispiele:

corso*folio*: Je Ausgabe 160 bis 176 Seiten mit vielen Bildern, vierfarbiger Druck auf zwei Papieren, Hardcover, Fadenheftung, Großformat 22 × 30 cm

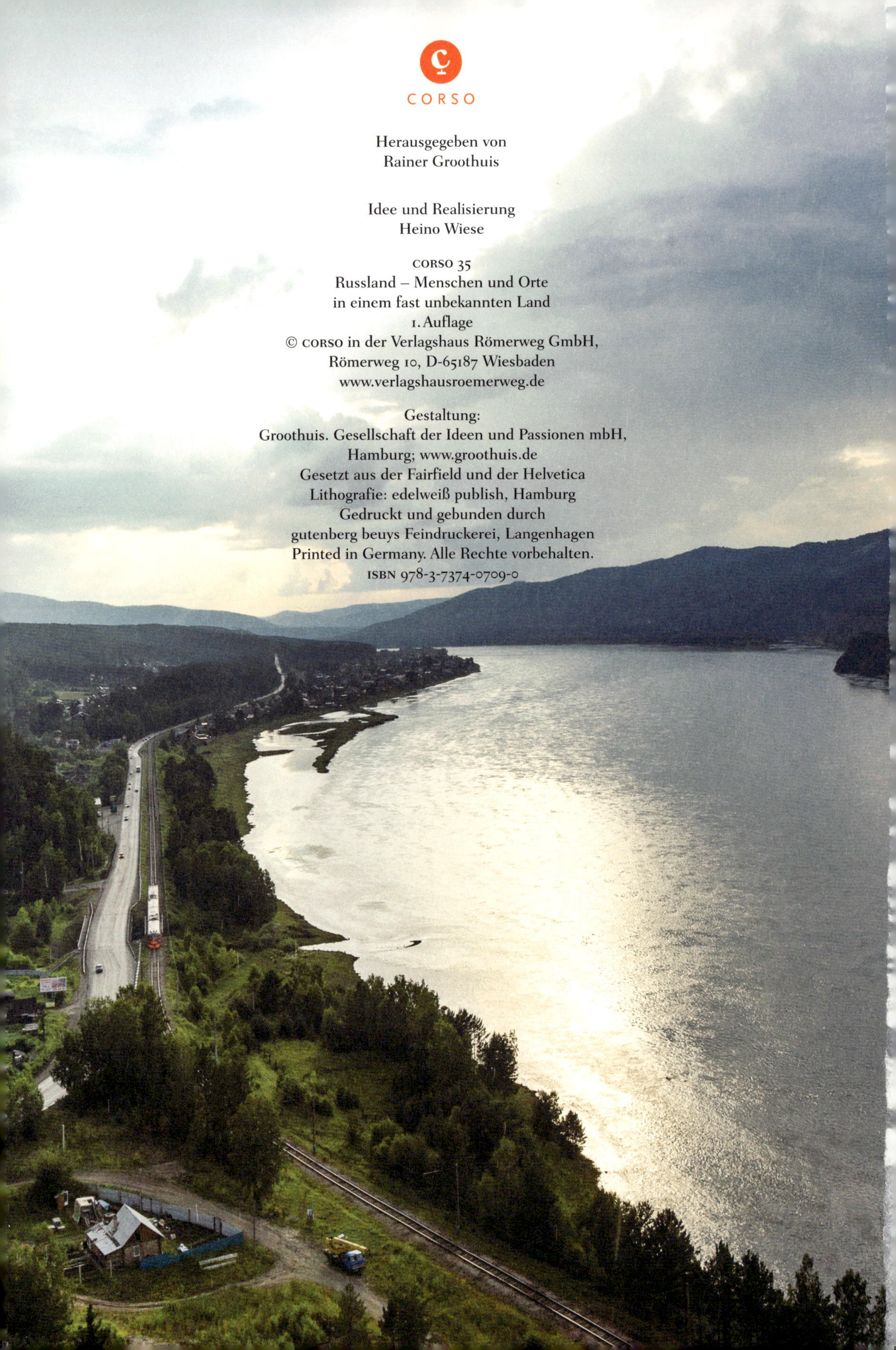

CORSO

Herausgegeben von
Rainer Groothuis

Idee und Realisierung
Heino Wiese

CORSO 35
Russland – Menschen und Orte
in einem fast unbekannten Land
1. Auflage

Römerweg 10, D-65187 Wiesbaden
www.verlagshausroemerweg.de

Gestaltung:
Groothuis. Gesellschaft der Ideen und Passionen mbH,
Hamburg; www.groothuis.de
Gesetzt aus der Fairfield und der Helvetica
Lithografie: edelweiß publish, Hamburg
Gedruckt und gebunden durch
gutenberg beuys Feindruckerei, Langenhagen
Printed in Germany.
ISBN 978-3-7374-0709-0

Karte: Stand 2013